고민
숏컷의
기술

SENSAINA HITO O RAKU NI SURU 「NAYAMI JIKAN」 NO HERASHI KATA
ISHA GA OSHIERU HSP TAISAKU 〈ONAYAMI SHORTCUT〉HEN

©Shunji Nishiwaki 2024

First published in Japan in 2024 by KADOKAWA CORPORATION, Tokyo.
Korean translation rights arranged with KADOKAWA CORPORATION,
Tokyo through IMPRIMA KOREA AGENCY.

이 책의 한국어판 저작권은 Imprima Korea Agency를 통해
KADOKAWA CORPORATION과의 독점계약으로 (주)도서출판 길벗에 있습니다.
저작권법에 의해 한국 내에서 보호를 받는 저작물이므로 무단전재와 무단복제를 금합니다.

예민해서 고생해온 정신과의사가 터득한
나를 괴롭히지 않는 생각법

고 민 숏 컷 의 기 술

박재영
옮김

西脇俊二
니시와키 슌지

더퀘스트

시작하며

하루에
몇 시간
고민하나요?

여러분, 안녕하세요. 정신과의사 니시와키 슌지입니다.

저는 도쿄에서 정신과 클리닉 원장으로 일하며 날마다 수많은 환자와 만납니다. 몸과 마음에 질환이 있는 분들뿐만 아니라 내용과 정도가 다양한 '마음의 버릇' 때문에 고민하는 분들도 병원에 많이 찾아옵니다.

이 책을 읽는 여러분도 클리닉에 갈 정도는 아니더라도 매사에 쉽게 반응하거나 지나치게 섬세하고 민감해서 고민하지 않나요? 그런 경향이 있는 사람을 'HSP(Highly Sensitive Person 매우 예민한 사람)'라고 하는데 다섯 명 중 한 명이 이에 해당한다는 사실도 이미 알고 계실 수 있습니다.

원래 HSP는 심리학적 개념으로 정신의학과는 다른 분야에 속합니다. 질환은 아니기에 '치료' 대상이 되지 않습니다. 하지만 저는 실제로 이런 고민을 하는 분들에게 도움이 필요하다고 예전부터 생각해왔습니다.

그 이유는 제가 아스퍼거 증후군을 앓고 있어 한때 그로 인한 예민함과 불안감으로 남들이 이해하기 어려운 온갖 고생을 했기 때문입니다. 시끄러운 장소와 사람들 많은 곳을 거북해하거나, 규칙이 바뀌면 당황해서 익숙해지는 데 시간이 한참 걸리거나, 쓰지도 않는 물건을 매일 잔뜩 짊어지고 다니거나……. 이는 언뜻 보면 예민함과 상관없는 고민처럼 보일 수 있지만 사실은 매우 관계가 있습니다.

그런 애로사항을 습관으로 극복해 편안하게 지낼 수 있는 기술을 알리고 싶어서 《예민한 사람도 마음이 편안해지는 작은 습관》이라는 책을 썼습니다. 예민함을 주제로 한 책은 이미 세상에 넘쳐나지요. 하지만 대부분이 'HSP란 무엇인가'에 관해 상세히 설명하기는 해도 예민함에 따른 스트레스나 괴로운 삶의 해결책을 깊이 파고들지는 않습니다. 저는 이러한 간과된 부분을 조명하고 싶었습니다. 비록 이 문제가 의학용어로 정의되지는 않지만, 확실하게 말할 수 있는 것은 '해결책은 있다'는 것입니다. 섬세함은 평생토록 유지하면서도 지나친 민감함 때문에 생기는 고민이나 스트레스는 덜어낼 수 있습니다. 의사의 관점에서 그 방법을 알리기 위해 2020년 출간한 저서 《예민한 사람도 마음이 편안해지는 작은 습관》은 고맙게도 국내외 수많은 독자에게 소개되며 도움을 주었습니다.

그리고 이번에, 이전 저서를 읽은 분들과 읽지 않은 분들 모두에게 한층 더 심도 있는 정보를 전하고자 펜을 잡았습니다. 이 책의 주제는 바로 '시간'입니다.

본인이 매우 예민한 사람에 속할 수도 있다고 자각하는 분에게 묻겠습니다. 여러분은 날마다 이런저런 일로 고민한다고 생각할 텐데, 그렇게 '고민하는 시간'이 하루 중 어느 정도를 차지하나요?

　1시간? 3시간? 아니면 5시간인가요? 실은 그 정도가 아닙니다. 예민한 사람은 '24시간' 고민합니다. 깨어 있는 동안뿐만 아니라 잠자는 동안에도 고민합니다. 이렇게 말하면 믿지 못할 수도 있는데 사실입니다. 그날 일어난 일을 반추하며 후회하거나, 내일을 생각하며 불안해지기도 합니다.

　그 결과 마음이 늘 지쳐 있는 경향을 보입니다. 피로 때문에 신경이 예민해지거나 수면 중에도 몸과 마음이 긴장한 상태가 됩니다. 피로가 다음 날 아침까지 남아 있는데 거기에 다시 새로운 피로가 더해지는 악순환이 반복됩니다. 이렇게 피로가 눈덩이처럼 쌓이면 신체에 지장이 생깁니다. 면역력이 떨어져 감기에 잘 걸리거나 위장 상태가 좋지 않은 등 트러블이 겹쳐서 큰 질환으로 이어질 가능성도 나타납니다.

　그렇기에 '고민하는 시간'은 반드시 줄여야 해요. 이 책에서는 고민을 정리·분석하여 해결하는 방법을 최대한 알려드리겠습니다.

　사람에게는 당연히 저마다 다른 사정과 성격이 있습니다. 이 책에서 소개하는 대책을 통해 모든 고민을 100퍼센트 해결할 수 있는 것은 아닙니다. 하지만 고민을 다루는 방식과 스트레스 정도는 확연히 달라집니다. 실제보다 심각하게 받아들이거나 지나치게 비관하지 않고 평상심을 유지하며 효율적으로 마주할 수 있게 됩니다. 즉, 고민하는 시간과 스트레스를 '숏컷'하듯 싹둑 자를 수 있습니다.

이 책의 구성을 간단히 소개하겠습니다. 서장에서는 예민한 사람의 고민이 증폭되는 구조와 그 해결을 위한 큰 틀에 관해 설명합니다. 1장 이후는 큰 틀을 기반으로 하여 구체적인 노하우를 해설합니다. 1장에서는 '손해 보는 고민'을, 2장에서는 '인간관계에 대한 고민'을, 3장에서는 '생활을 방해하는 고민'을 잘라내는 방법에 대해 이야기합니다. 그리고 4장에서는 '이득이 되는 고민', 다시 말해 예민함의 이점을 활용하는 법을 들려드리겠습니다.

이 방법들을 실천해보면 고민하는 시간이 극적으로 짧아지는 것을 실감할 수 있을 겁니다. 의사로서 또 당사자로서 저 자신이 꾸준히 실천하며 마음 편한 생활에 도움이 된 여러 가지 생각법과 요령을 통해 여러분도 기쁜 체험을 하게 되기를 바랍니다.

바로 오늘부터라도 간단히 되는 작은 기술이 있는가 하면, 가치관의 근본적인 전환이 필요한 커다란 도전도 있습니다. 처음에는 어렵게 느껴질 수 있겠지만 '할 수 없는' 사항은 하나도 없습니다. 어떤 분이든 반드시 언젠가는 할 수 있는 방법들뿐입니다.

그 점을 믿고 도전해보세요. 마음의 피로가 풀어지도록, 긴장을 풀고 지낼 수 있도록, 타고난 예민함을 행복한 형태로 활용할 수 있도록…….

여러분의 하루에서 고민 시간이 줄어든 만큼, 그 자리에 밝고 충실한 시간이 가득 차기를 진심으로 바랍니다. 또한 최근에는 HSP를 무슨무슨 형 등으로 분류하기도 하는데 이 책에서는 분류를 뛰어넘어 활용할 수 있는 노하우를 정리했습니다. 어떤 분이든 안심하며 읽으시고 이건 쓸모 있겠다 싶은 방법을 사용해주세요.

2024년 초여름
맑은 날에는 산책을, 비 오는 날에는 독서를.

정신과의사·하타이 클리닉 원장
니시와키 슌지

차례

시작하며

하루에 몇 시간 고민하나요? • 004

서장 – 예민한 사람은 왜 '고민'을 할까?

고민의 종류는 세 가지뿐이다 • 016
돈, 건강, 인간관계 – 가장 해결하기 쉬운 것은? • 020
상처받기 쉬운 성격을 개선한다 • 024
어느새 긍정적이 되는 의외의 한 가지 습관 • 027
타인에게 중요한 사람이고 싶다면? • 032
알아두면 편리한 인간의 세 유형 • 035
'리스크/호프'와 '픽스/플렉스' • 040
다른 유형을 '좋다, 나쁘다'로 판단하지 않는다 • 044
지쳐서 힘을 낼 수 없을 때의 처방전 • 049
'스몰 스텝'을 쓰면 순식간에 편해진다 • 052
50전주의, 효율적 레벨업의 비밀 • 056
예민한 사람이 크게 성공하려면 • 059
부귀영화나 벼락출세 같은 야망은 없더라도 • 063
할 수 있는 일, 할 수 없는 일을 정리한다 • 067

1장 - '손해 보는 고민'을 싹둑!

하고 싶어도 행동으로 못 옮기는 이유 • 076
성공 체험 이외의 방법을 피하기 쉽다 • 082
내 능력을 과소평가하는 습관, 어떻게 바꿀까? • 088
큰 업무, 책임이 있는 일에서 피한다 • 093
멀티태스킹 대신 '싱글 트랙' 전략 • 097
긴장하면 정보가 머릿속에 들어오지 않는다 • 103
날씨가 안 좋을 뿐인데 의욕이 사라진다 • 108
대충대충의 마음으로 딱 5분만 • 114
상대의 모습이 그저 '일면'임을 기억한다 • 118
나쁜 생각을 부풀리는 상상력을 역이용하라 • 122
싫은 일을 질질 끄는 경향 • 128
다른 사람의 짜증을 낚아챈다?! • 133
'궁극적인 손해'를 지금부터 회피하자 • 136
(칼럼) 예민한 사람이 반려동물을 키운다면 • 140

2장 - '인간관계의 고민'을 싹둑!

미움받는 것이 싫다 • 146
남을 싫어하는 것도 어렵다 • 150
'카산드라 증후군'과 예민한 사람의 다른 점 • 156
첫 대면이 아무튼 힘들다 • 160
아무것도 아닌 일이 너무 신경 쓰인다 • 166
한마디하고 싶지만 할 수 없다 • 171
나쁜 사람인데 나도 모르게 동정한다? • 176
예민한 사람이 리더가 됐을 때의 요령 • 180
거절과 부탁을 잘 못한다 • 185
(칼럼) 마음에 드는 향을 찾자 • 190

3장 - '생활을 방해하는 고민'을 싹둑!

사람 많고 시끄러운 곳이 거북하다 • 196

"잠들지 못한다"가 당연하다 • 200

방금 마신 우유가 몸에 맞지 않을 수도 있다? • 204

웬일인지 마음이 안정되지 않는 카페 • 207

내가 가방에 책을 10권씩 들고 다닌 이유 • 211

걱정이 심해서 1시간이나 일찍 도착하는 사람 • 214

집중할 때까지 걸리는 시간을 숏컷한다 • 218

뭐 하나가 안 되면 맥이 풀려버리는 경우 • 222

말을 많이 할 때의 헛점 • 226

이상은 높은데 열심히가 안 된다 • 230

슬픈 소식에 마음을 지배당하는 사람을 위한 '20분' • 235

'노후 문제' 뉴스만 봐도 강렬하게 불안해진다 • 240

(칼럼) 이불은 무거워야 안심이 된다?! • 246

4장 - '이득이 되는 고민'은 남겨두기

'눈치 빠른' 사람에게는 아직 발전가능성이 있다 • 252

남의 아픔을 이해하는 성질을 최대한 살리는 요령 • 256

위험 회피 능력을 연마하자 • 260

'성실함'을 손해로 이어지지 않게 하려면 • 265

그 고민 상담은 어디까지 들어줄 수 있는가? • 269

'작은 행복'을 느낄 수 있는 행복 • 274

그 성실함에 하나만 더 보탠다면 • 277

(칼럼) 당신의 소울 푸드는 무엇입니까? • 282

마치며

고민한 시간을 '좋아하는 일'로 바꾸자! • 284

서장

예민한 사람은

왜 '고민'을 할까?

고민의 종류는 세 가지뿐이다

섬세하거나 예민한 사람은 작은 일에도 고민한다. 당신도 어떤 밤에는 뒤척이며 해결되지 않는 생각들로 잠 못 이룬 적이 있었을 것이다. 아마도 당신은 '예민한 사람은 쉽게 고민에 빠진다'는 말에 깊이 공감하고 있을지도 모른다. 그러면 실제로 우리가 많은 시간을 할애하는 '고민'에는 어떤 것들이 있을까?

천차만별로 보이지만 의외로 종류는 많지 않다. 참고로, 예민하지 않은 사람도 고민의 종류는 같다. 섬세한 사람은 종종 '예민한 성격만 아니었으면 이런 일에 고민 안 할 텐데……'라고 생각하기도 하지만 사실 그렇지도 않다. 살아 있는 한 사람은 고민한다. 예민하든 예민하지 않든 고민하지 않는 사람은 아무도 없다. 하지만 예민한 사람은 스트레스와 고민을 증폭·발전시켜서(더 크고 더 넓게 받아들여서) 거기에 시간을 많이 내주고 만다. 예민하지 않은 사람이 가볍게 받아넘기는 부분에서 예민한 사람들은 우뚝 멈춰 서는 것이다. 우선은 이런 점이 우리가 해결해나갈 포인트라고 기억해두자.

이야기를 되돌려서, 인간의 고민은 '크게 세 종류'로 나눌 수 있다. 바로 돈과 건강과 인간관계다.

'아니, 더 있지 않나?' '재난이나 범죄 뉴스를 보는 것만으로 불안해지는데' '저는 그것 말고 열등감이 심한 점이 고민입니다'라는 분도 있을 것이다. 앞에서 말했듯 예민한 사람은 '더 크고 더 넓게' 받아들이기 때문에 고민이 다양한 형태로 변주(Variation)되기 쉽다. 그러나 사실은 그것들도 세 종류로 집약된다.

이를테면 재난이나 범죄 뉴스를 보자. 저런 소식을 접하고 슬프거나 불안해질 때 마치 '내 목숨·안전'이 위협받는 듯한 느낌이 들었을 것이다. 이것은 넓게 보면 '건강'을 잃는 불안이다. 나에게도 같은 일이 일어날지 모른다는 마음이 순간적으로 피어오르는 것이다. 나아가 재해를 입거나 피해를 당한 사람의 괴로움을 마치 내 일처럼 느껴본 적은 없는가? '남을 걱정하는' 상태로 인식하겠지만 실질적으로는 '나의 아픔'이 되어 있는 경우다. 감정 이입력이 지나치게 작용해서 다른 사람의 고통까지 함께 느끼며 괴로워진다. '다정함'은 예민한 사람의 장점이지만 도가 지나치면 몸과 마음을 지치게 만들기도 한다.

그렇다면 열등감에 관해서는 어떨까? 언뜻 보기에는 혼자만의 내면에서 일어나는 일 같은데 실은 '인간관계'에 포함된다. 열등감은 혼자서는 발생하지 않기 때문이다. 다른 누군가와 비교하기 때문에야말로 '나는 못났다' '열등하다'는 고민에 빠진다. 따라서 열등감이 있는 분들은 분명 '사람을 만나기가 귀찮다' '나보다 확실히 뛰어난 사람을 만나면 긴장한다'라는 기분도 자주 느꼈을 것이다.

이처럼 여러 부류, 다양한 내용들로 나뉘는 고민도 원인을 거슬러 올라가면 세 종류뿐이다. 여기에 어떻게 맞설 것인지 좀 더 살펴보자.

살아 있는 한 우리는
세 가지 고민을 한다.

돈, 건강, 인간관계 – 가장 해결하기 쉬운 것은?

돈과 건강과 인간관계. 우리의 시간을 빼앗는 고민의 원인은 이 세 가지다. 이 중에서 가장 해결하기 쉬운 고민은 무엇일까?

먼저 '돈'은 그리 간단치 않다. 돈 벌기가 어렵기 때문만은 아니다. 돈을 쉽게 버는 사람도, 그렇지 않은 사람도 있을 것이다. 하지만 그 점이 본질은 아니다. 돈이 까다로운 문제로 남는 이유는 '돈을 벌었다', 단지 그것만으로는 행복해지지 않기 때문이다.

확실히 돈이 있으면 생활의 불안감이 줄어든다. 돈이 많으면 인생의 선택지가 늘어나고 때로 사치도 부릴 수 있다. 그런데 돈은 많다고 해서 100퍼센트 만족을 안겨주지는 않는다. 오히려 있으면 있는 대로 '더, 더!'라는 바람이 커지는 경우도 있다. 예를 들어 처음에는 1억 원 벌이를 목표로 시작한 투자자가 어느 순간 2억, 3억을 바라보게 되는 것처럼, 원하는 것이 채워져도 금세 다른 것에 대한 욕망이 고개를 든다. 당연히 '행복'을 느끼기란 쉽지 않다. 돈이 아무리 불어나도 이러한 양상은 마찬가지다. '돈이 많으니 완벽하게 행복하다'라고 하는 사람을 나는 본 적이 없다.

지금껏 연구를 위해 세계 여러 나라의 세미나와 워크숍에 참석해왔다. 그곳에서 만난 사람들 중에는 이른바 '갑부'라고 불리는 사람도 있었다. 몇백억부터 조 단위의 자산이 있는 사람, 말도 안 되게 넓은 집에서 몇천만 원이나 하는 고급 가구에 둘러싸여 사는 사람도 있었다. 하지만 이들이 꼭 행복해 보였다고는 할 수 없다. 가족 관계가 화목하지 않아 외로워 보이는 사람이 있는가 하면, 매일같이 호사스러운 파티를 열어 눈부시게 화려한 사람들에게 에워싸이면서도 매우 지루해 보이는 사람도 있었다. 즉 돈은 살아가는 데 필요한 존재이며 있으면 선택지가 늘어나지만(그래서 이 책에도 돈의 도움을 받는 법을 실었다) 인생을 행복하게 만드는 '결정타'라고는 할 수 없다.

그러면 '건강'은 어떨까? 건강 문제는 돈과는 다른 의미로 까다롭다. 당연하면서도 가혹한 사실이 있으니, 누구도 영원히 건강할 수는 없다는 것이다. 우리는 언젠가 반드시 생을 끝마치기 때문이다. 나이가 들수록 건강이 무너지거나 질병을 앓는 일이 느는 것도 바꿀 수 없는 사실이다.

하지만 그렇기 때문에 건강한 상태를 최대한 오래 누리고 싶지 않던가. 그래서 의사가 존재하고, 이렇게 책을 쓰기도 한다. 더구나 예민한 사람은 실제 건강 상태와 상관없이 컨디션이 안 좋아질 때가 많다. 어떤 병명을 붙일 병까지는 아니더라도, 아픔과 괴로움을 잘 느끼기 때문이다. 하지만 민감해서 몸 상태가 자주 악화되는 일도 분명 줄일 방법은 있다. 이 책에서 차차 설명해나갈 것이다.

그럼, 마지막으로 남은 것은 '인간관계'다. 혹시 이것이야말로 가장 까다로운 문제라고 생각하고 있지 않은가? 실은 그 반대다. 인간관계에 대한 고민은 세 가지 중에서 가장 쉽게 해결할 수 있다. 더 나아가 인간관계는 돈과 달리 해결하면 행복으로 직결된다. 또한 건강과 달리 '평생'의 해결책이 있다. 그 해결책을 하나씩 알아보자.

원하는 것이 채워져도
금세 다른 것에 대한 욕망이 고개를 든다.

상처받기 쉬운 성격을 개선한다

예민한 사람은 상처받기 쉬운 사람이기도 하다. 어떤 일에 상처를 받을까? 대부분의 이유는 인간관계에서 비롯된다. '인사했는데 무시당했다(또는 상대방이 너무 건성으로 받았다)' '나는 중요하게 여기는 가치를 상대가 부정했다' '나를 만만하게 보는 기분이 든다' 등 다른 사람에게 존중받지 못한다고 느낄 때 상처받는 것은 특별히 민감한 사람이 아니어도 흔히 겪는 일이다. 그러나 섬세함·민감함으로 인해 더 크게 느껴지는 스트레스도 존재한다. 예를 들면 다른 사람과의 만남에서 '나 참 한심하다'는 생각이 드는 것은 실은 예민한 사람만이 하는 고민이다. '어려움을 겪는 사람을 보고도 그냥 지나쳤어' '난 친절하게 대했다고 생각했는데 아니었나 봐' '표현을 이상하게 해서 오해했을 것 같아' '방금 내 말이 재미없어서 분위기가 가라앉았나?' 등 일이 벌어진 직후나 하루 끝에 이런 생각들로 머리가 복잡했던 적은 없는가?

어쩌면 오늘뿐 아니라 십수 년 전 있었던 일이 당신을 괴롭힐지도 모른다. 머리로는 분명 과도하게 마음에 걸려 하고 있다는 걸 알고 있다. 주변 사람에게 이야기하니 "너무 신경 쓰지 마"라든가 "그렇게까지 걱정 안 해도 돼"라는 반응이 돌아온 적도 있을 것이다. 하지만 당신에게는 '그게 가능했다면 이렇게 힘들지 않았겠지'라는 생각도 든다.

그러나 우리는 분명 신경을 끌 수 있다. 자신을 탓하는 일도, 다른 사람의 말과 행동에 상처받는 마음도 멈출 수 있다. 방법은 딱 하나. '기대하지 않는' 것이다. 이전 저서를 읽은 분은 아시겠지만 이는 모든 고민 대책의 근간이라고 해도 좋을 만큼 중요한 사항이므로 다시 한 번 자세히 설명하려 한다. '기대'란 말할 것도 없이 '좋은 일이 실현될 것'을 바라며 기다리는 마음을 가리킨다. 언뜻 보기에는 긍정적이고 적극적인 자세 같지 않은가? 그러나 이것이 바로 '상처받았다' '너무 신경 쓰인다'라고 느끼는, 즉 평소 당신의 가슴을 아프게 찔러오는 감정의 원인이다.

날 소중하게, 중요하게 여겨줄 것이라고 기대하기 때문에 그렇게 되지 않았을 때 상처받는다. 나라면 할 수 있을 것이라고 생각하기 때문에 해내지 못했을 때 상처받는다. '내가 기대를 하며 산다고?' 갸우뚱한 분도 있을 것이다. 기대는 당연하다는 듯이 마음에 숨어 산다. 의식하지 못한 채 계속 기대를 품는 일은 맨주먹으로 전쟁터에 돌진하는 것과 다름없다. 상처받기 쉬운 사람일수록 '기대하지 않는다'라는 방탄복을 장착해야 한다.

어느새 긍정적이 되는
의외의 한 가지 습관

'기대하지 않기'에는 세 가지 방향이 있다.

① **남이 '○○해줄 것이다'라고 타인에게 기대하지 않는다**
→ 상대방이 무례하거나 차갑게 행동하더라도 실망하지 않고 마무리된다.
② **'나는 ○○할 수 있을 것이다'라고 자신에게 기대하지 않는다**
→ 자신을 탓하거나 어서 ○○해야 하는데 하며 초조해하지 않고 마무리된다.
③ **'○○로 일이 잘 풀린다'라고 결과를 기대하지 않는다**
→ 결과가 좋지 않더라도 낙담하지 않고 마무리된다.

결과적으로, 고민하는 시간을 최소화할 수 있다. 다 체념하라는 말로 들릴 수도 있겠지만 부디 오해 없기를 바란다. 절대로 '비관적이 돼라'는 뜻이 아니다. 비관적인 태도란 '어차피 내게 관심 있는 사람은 없다' '어차피 실패할 것이다' '뭘 해도 잘 될 리 없다'며 될 대로 되란 식으로 방치하는 태도를 말한다. 이는 오히려 기대가 지나치게 높은 상태에서 비롯된다. 기대가 높으면 높을수록 그렇지 못했을 때의 상처도 깊어지기 때문이다. 그래서 역으로 '어차피……' 하며 마음을 닫아버리는 것이 바로 비관이다.

그보다 실제로 당신을 방어해줄 수단은 비관도 낙관도 아닌 무난(Flat)한 태도다. 다시 말해 '틀림없이 잘 될 거야'나 '결코 잘 될 리 없다'도 아니고 '글쎄, 잘 될까?' 정도의 마음 상태다. 이런 마음이면 결과 역시도 무난하게 받아들이게 된다. 결과가 나쁘다고 기분이 바닥을 치거나 결과가 좋다고 잔뜩 들뜨지 않는다. 어떤 결과가 나오든 '아, 그렇구나. 그럼 다음에는 어떻게 할까?' 식으로 미래의 일에 시선을 돌릴 수 있다. 마음이 차분해지는 것은 물론 긍정적인 태도가 길러진다.

지금쯤 당신은 '나한텐 불가능해'라고 생각할지도 모르겠다. 확실히 처음에는 어렵다. 그렇지만 '기대하지 않기'는 자전거 타기와 같다는 것을 기억해줬으면 한다. 백지 상태부터 자전거를 탈 수 있게 되기까지는 어느 누구든 연습이 필요하고 일정한 시간이 걸린다. 하지만 언젠가는 반드시 탈 수 있으며, 이후로 타는 법을 더는 잊어버리지 않는다. 몸과 뇌에 스며 있기 때문이다.

'기대하지 않기'를 연습하는 법은 아주 간단하다. 어떤 일에 실망했을 때 '아, 기대했네'라고 생각하라. 그뿐이다. 되풀이해서 이렇게 의식하다 보면 어느 순간 요령이 붙는다.

그리고 하나 더. '또 기대했어. 구제불능이야'라며 자신을 탓하지 말라. 기대하지 말자고 일부러 각오를 다질 필요도 없다. 평소에는 이 생각을 전혀 의식하지 않아도 된다. 그서 무슨 일이 생겨 자신이 의기소침해진 것을 깨달았다면 '아, 내가 기대를 했었어'를 잠깐 생각하고 즉시 잊어버리는 것이 요령이다. 이 시원한 느낌 자체가 '기대 → 실망'의 버릇에서 빠져나오는 연습도 된다. 서두르지 말고 여유롭게, 하지만 착실하게 반복해보자.

방법은 딱 하나, 기대하지 않는 것이다.

타인에게 중요한 사람이고 싶다면?

'기대하지 않기'에 관해 아직 의구심을 품는 분도 있을 것이다. '남에게 존중받고 싶은 마음은 자연스러운 것이잖아요. 그런 바람을 억누르라니 이상하지 않나요?'라고 느낄 수 있다. 맞다. 당연한 바람이다. 또한 여러분에게는 존중을 바랄 권리도 있다. 우리가 이 책에서 이루게 될 최종 목적은 타인에게 충분히 존중받고 스스로를 아끼게 되는 것이라 해도 좋을 정도다. 그런데 그러기 위해서는 길을 조금 돌아가야 한다. '기대하지 않기'를 포함해 이제부터 소개하는 요령 또한 '급할수록 돌아가라'의 정신이 필요하다.

방금 설명한 '존중받는 느낌'을 심리학적 용어로 '자기중요감(Sense of Self-worth)'이라 부른다. 자기중요감은 다른 사람이 당신을 필요로 하거나 의지하거나 공감하거나 인정해주는 등의 경험이 쌓일 때 높아진다. 자연히 인간관계에 의해 크게 좌우된다. 혹시 이런 느낌을 가져본 적 있는가? '타인에게 벽을 치게 된다' '신뢰받지 못하는 것 같다' '친구가 없다' '사람들이 날 좋아해주지 않는 것 같다' '깊이 친하지 않은 피상적인 관계들뿐이다' 등등. 만약 그렇다면 자기중요감이 결핍된 상태라고 할 수 있다. 인간관계 안에서 어떻게 하면 내가 중요하고 소중하다는 감각을 충족시킬 수 있을까?

답은 의외로 '다른 사람의' 자기중요감을 충족시키는 것이다. 내가 존중받고 싶다면 나부터 남을 존중하라. 황금률로 불리는 '남에게 대접받고자 하는 대로 너희도 남을 대접하라'는 경구는 허울 좋은 말이 아니라 그야말로 정답이다. 모든 인간은 자기

중요감을 바란다. 자신이 중요한 존재라는 감각을 충족시켜 주는 사람에게 무조건 호감을 느끼며 그 사람을 아낀다. 즉 급할수록 돌아가는 기술인 동시에 '먼저 선수 치면 반드시 이기는' 요령인 셈이다. 예민한 사람도 그렇지 않은 사람도 꽤 높은 확률로 이 부분을 틀린다. '저 사람은 나를 중요하게 생각해줄 거야'라는 기대에 보답받지 못해 상처받고 한층 갈망이 커지는 악순환을 반복하고 있지는 않은지 돌이켜보자. '충분히 남을 배려하고 있다고 생각합니다' '나는 그렇게 하는데 상대방은 그렇지 않습니다'라는 고민도 있을 법하다. 분명 웬만큼 친절한 사람이면 남에게 무례하거나 배려 없이 굴지 않는다. 그런데도 그 사람에게서 존중을 돌려받지 못한다고 느낀다면, 안타깝게도 당신이 배려해준 일이 상대방의 마음에 '남지 않아서'일 것이다.

다른 사람의 자기중요감을 충족시키려면 마냥 배려를 베풀기만 해서는 안 된다. 분석이 필요하다. 저마다 자기중요감이 충족되는 포인트가 다르기 때문이다. 다음 글에서 타인을 파악하기 위한 몇 가지 방법을 소개하겠다. 주변 사람이 성격이나 가치관을 알고 나서 행동하면 나의 행위가 그 사람의 마음에 영향을 주게 되어 있다.

알아두면 편리한 인간의 세 유형

먼저 알고 가야 할 것은 기본적인 '인간의 3유형'이다. 인간의 개성은 크게 세 가지 즉 ① 퍼스낼리티(Personality 성격) 중시 유형, ② 퍼포먼스(Performance 성과) 중시 유형, ③ 브랜드(Brand 지위) 중시 유형으로 나뉜다. 긴 세월 동안 나는 임상과 현장에서 이 유형 분류의 도움을 받았다. 아래는 세 유형의 인물상과, 유형별 자기중요감을 충족시키는 방법들이다.

① 퍼스낼리티 중시 유형
- 남과 만날 때는 인품 중시, 물건을 선택할 때는 품질 중시.
- '신뢰' '애정' 등 눈에 보이지 않는 것에 가치를 둔다.
- 온화한 태도의 배려 깊은 사람.
- 단, 신념에 반하는 일은 단호하게 거부한다.

→ 자기중요감을 충족시키려면?
- 인품을 칭찬한다. 배려에 고마워한다.
- 이야기를 듣고 공감하며 이해해준다.
- 나의 성실함과 부드러운 면을 드러내 보인다.
- 겉과 속이 다른 사람을 싫어하기 때문에 상대방 외의 사람들에게도 성실하게 대한다.

② 퍼포먼스 중시 유형
- 최단 시간 안에 최대의 성과를 목표로 한다.
- '성과' '실적' '재산' 등 눈에 보이는 것에 가치를 둔다.

- 자신을 위한 투자에 열심이다.
- 명확하고 군더더기 없이 말한다. 때때로 신랄해지기도 한다.

→ **자기중요감을 충족시키려면?**
- 상대방과 마찬가지로 되도록 군더더기 없이 시원시원하게 말한다.
- '일 잘하는 사람'인 점을 칭찬한다.
- 공허한 인사치례는 역효과. 성과를 냈을 때 그 사실을 똑바로 평가해주는 것이 요령이다.

③ 브랜드 중시 유형
- 권위, 권력, 지위 등에 가치를 둔다.
- 마음대로 행동하는 것이 행복의 원천이다.
- 몸짓, 손짓이 크고 활동적이며 행동력이 있다.
- 다른 사람에게 끌려다니거나 통제당하는 것을 싫어한다.

→ **자기중요감을 충족시키려면?**
- '대단하다' '멋있다'와 같은 화려한 말로 칭찬한다.
- 다른 사람들 앞에서 칭찬해주면 효과가 배로 늘어난다.
- "역시 ○○ 씨는 좀 다르네요" 등 '당신은 특별하다'라고 느끼게 한다.
- 만나고 있는 동안에는 상대방의 페이스에 맞춘다.

위 내용을 토대 삼아 우선은 무척 가까운 사람을 상대로 그가 좋아할 만한 충족법을 실천해보자.

모두가 자기중요감을 바란다.
내가 중요한 존재라고 느끼게 해주는 사람에게
무조건 호감을 느낀다.

'리스크/호프'와 '픽스/플렉스'

'주변 사람을 떠올려봤지만 3유형에 꼭 들어맞지 않는다'는 감상이 분명 나올 것이라 생각한다. 그럴 수밖에 없다. 100퍼센트 하나의 유형에만 속하는 사람은 존재하지 않으니 말이다. 이를테면 성격이 착실하고 온화해서 기본적으로 퍼스낼리티 중시 유형인 사람이 본인의 학력을 은근히 자랑하는 등 브랜드 중시 요소도 지닌 경우가 얼마든지 있다. 즉 어느 누구에게든 세 유형이 한데 섞여 있다. 그럼에도 그중 어느 요소가 제일 강한지로 판단하면 된다. 다음으로 소개할 '리스크(Risk 위험)/호프(Hope 희망)' 유형 분류도 마찬가지다.

리스크/호프 분류의 기준은 '매사를 어떤 동기로 임하는가'이다. 이것이 실은 사람의 개성에 상당히 큰 차이를 낳는다. 리스크형은 '○○이 되면 무서우니까 ○○해야지' 식의 위험 회피가 동기가 되는 유형이다. 그에 반해 호프형은 '○○할 수 있으면 좋은 일이 있을 거야! 힘내야지!' 식으로 희망이 동력이 되는 유형이다. 여기서도 '100퍼센트 리스크형' '100퍼센트 호프형'인 사람은 거의 없다. 다음 페이지의 [그림 1]처럼 양극단 사이의 '리스크 쪽에 가까운' 또는 '호프 쪽에 가까운' 어딘가에 위치하는 것이다.

여기에 또 하나, '픽스(Fix 고정)/플렉스(Flex 유연)'라는 유형 분류를 소개하겠다. [그림 2]가 나타내고 있는 이 분류법은 인간관계를 만들어나갈 때 당신에게 매우 쓸 만한 힌트를 줄 것이다. 왜냐하면 앞의 두 가지와 달리 '픽스형인가, 플렉스형인가'가 꽤 명확하게 나뉘기 때문이다. 픽스와 플렉스 각각 여러 특징이 있

[그림 1] 리스크/호프

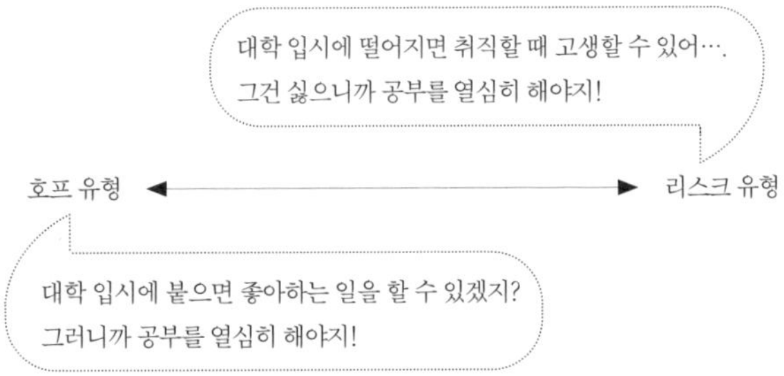

대학 입시에 떨어지면 취직할 때 고생할 수 있어···.
그건 싫으니까 공부를 열심히 해야지!

호프 유형 ◀────────────────▶ 리스크 유형

대학 입시에 붙으면 좋아하는 일을 할 수 있겠지?
그러니까 공부를 열심히 해야지!

[그림 2] 픽스/플렉스

픽스 유형의 겉치레와 속마음   플렉스 유형의 겉치레와 속마음

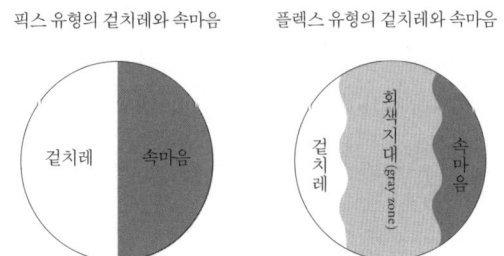

는데 당신이 주목해야 할 포인트는 '겉치레와 속마음'을 대하는 양자의 대조적인 자세다.

　　픽스 유형인 사람은 겉과 속이 뚜렷하게 구분된다. 본인의 생각을 말할 때 '이것은 속마음' '이것은 겉치레'라고 머릿속에서 선을 긋고 있다. 플렉스 유형인 사람은 그와 달리 겉치레와 속마음의 경계가 모호해서 회색지대(Gray Zone)가 넓게 존재한다. 본인의 말이 겉치레인지 속마음인지 스스로도 잘 모른다기보다 애초에 명확하게 구분할 필요를 느끼지 않는다. 그래서 픽스 유형인 사람은 플렉스 유형인 사람에게 툭하면 '어디까지가 농담이고 어디까지가 진심이야?' '속을 모르겠어'라는 불신감을 느끼게 된다. 이에 반해 플렉스 유형인 사람이 픽스 유형인 사람을 부정적으로 판단하는 경우는 드물다. 타고난 모호한 성격이 이럴 때는 다행이라고 생각해보는 건 어떨까?

다른 유형을 '좋다, 나쁘다'로 판단하지 않는다

지금까지 여러 유형을 소개했다. 상대방의 자기중요감을 충족시키는 방법이 조금은 이해되었다면 좋겠다. '기본 3유형'에 따라 상대방을 대하는 방법은 앞장에서 설명한 바 있다.

그러면 '리스크/호프' 유형은 어떻게 쓰면 좋을까? 가장 효과적인 경우는 '상대방이 열심히 해주길 바랄 때' 응용하는 것이다. 부하 직원, 후배, 배우자, 자녀 등 당신이 힘내라고 응원하는 상대방이 어떤 유형인지 곰곰이 떠올려보라. 예를 들어 수험생 자녀의 의욕을 북돋고 싶은 부모라고 하자. 자녀가 평소 저축 하나를 해도 멋진 여행이나 장래를 꿈꾸며 돈을 모은다면 호프 유형에 가까우니 "합격하면 갖고 싶었던 자전거 사줄게!" 등 학수고대할 만한 말을 하면 좋다. 반대로 어떻게 될지 모르는 상황에 대비해 저축한다면 리스크 유형에 가까우므로 "이번에 떨어지면 곤란해. 재수를 시킬 형편이 못 돼서" 등 위기감에 호소하는 것이 (아이가 조금 딱하지만) 효과적이다.

그럼 '픽스/플렉스'는 어떨까? 픽스 유형인 사람은 플렉스 유형인 사람을 함부로 단정하지 않도록 특히 유의해야 한다. '이런 사람이구나' 하고 어느새 규정하고 있지는 않은지 스스로 돌아보는 것도 중요하다. 두 유형이 진밀한 관계, 특히 연인 사이가 되면 다툼을 벌일 가능성이 높다. "사랑한다고 했잖아. 거짓말이었어?!"라고 픽스 유형인 사람이 따지면 "아니 마음이란 게, 꼭 정해져 있는 게 아니라 바뀔 수 있잖아……"라면서 플렉스 유형인 사람이 불난 집에 부채질하는 식의 난장판이 종종 펼쳐진다. 이 같은 갈등이 반복될수록 픽스 유형인 사람은 상처받는다.

여기서 픽스 유형인 독자라면 '내가 화내고 따질수록 관계가 더 나빠지는구나'란 오해는 하지 말라. 갈등을 피하기 위해 상대에게 서운한 감정을 억누르고 괜찮은 척 지내라는 말이 아니다. 속마음을 솔직하게 털어놓았는데 그 결과로 이별에 이르렀다면 그것은 어쩔 수 없는 일이며 오히려 건강한 선택일 수 있다. 억누르고 참으며 유지한 관계보다 자신을 지키며 끝난 관계가 더 의미 있다. 하지만 만약 헤어지고 세월이 흐른 뒤에도 '정말 나쁜 인간이었어' '그런 사람을 믿은 내가 바보지' 하는 생각을 곱씹고 있다면 걱정이 된다. 상대를 원망하는 일도, 자신을 탓하는 일도 당신의 시간을 들이는 일이기에 아깝기 그지없다. 그럴 때는 '우린 서로 다른 유형이었어' 정도로 매듭짓고 넘어가자. 마음이 훨씬 가벼워질 것이다.

이처럼 누군가를 좋다, 나쁘다로 판단하지 않는 것은 인간관계에서 오는 복잡한 생각을 줄이는 중요한 비결이다. 지금까지 등장한 어떤 유형에 대해서도 이 유형이 더 좋다, 더 나쁘다란 이야기는 없었다. 단순히 '다르다'만 존재했다. '성과 중시 유형은 너무 악바리 같아' '브랜드 유형은 속물이야' '호프 유형은 좀 설치는 것 같아' '리스크 유형은 사람이 부정적이야' '플렉스 유형의 말은 믿음이 안 가' '픽스 유형은 융통성이라곤 없어' 등등, 나와 다른 유형을 평가해버리지 않는 마음이 핵심이다.

상대방과 맞고 안 맞고는 당연히 있다. 우리는 안 맞는 사람과는 거리를 둔다. 이 또한 어느 쪽이 나빠서가 아니라, 단지 '달랐다'는 뜻이다. 어떤 유형이 착하고 나쁜지, 누구는 뛰어난

데 누구는 그렇지 못한지 점수를 매기지 않는다. 그저 서로 다른 개성을 지닌 존재로 인정한다. 이런 무난한 시점을 가지는 것이 '기대하지 않는 연습'에 큰 힘을 발휘할 것이다.

나와 다른 유형을 평가해버리지 않는 마음이
고민을 잘라내는 비밀이다.

지쳐서 힘을 낼 수 없을 때의 처방전

지금까지 설명한 내용이 어땠는가? 아마도 조금 어렵다 느꼈을 것이다. 생각을 줄이기 위한 기본들, 즉 알아두어야 할 지식과 사고방식에 해당하므로 난이도가 높다. 기대하지 않기, 상대방의 자기중요감을 충족시키기, 평가하지 않기…… 그 어느 것도 곧바로 해낼 수 있는 기술은 아니다.

초조해하거나 귀찮아하지 말고 '마음 편히, 느긋하게, 하지만 잊지 말고'를 모토로 삼자. 특히 '다른 사람의 자기중요감을 충족시키기'에는 이 마음가짐이 필수적이다. 예민한 사람은 가뜩이나 타인에게 지나치게 신경을 쓰는 편이다. 그러한 배려가 걸핏하면 정신적 피로를 불러오므로 서로에게 익숙지 않은 초반부터 지나치게 상대의 유형 파악을 향해 건너뛰면 큰일이다. 하지만 최종적으로는 '다른 사람의 자기중요감을 충족시키기'가 정신적 피로를 줄여준다. 과녁을 정확하게 맞추듯 상대방에게 높은 정밀도로 기쁨을 주기 때문이다. 다시 말해 최소한의 배려로 최대의 효과를 얻을 수 있게 된다. 그러나 효과를 보는 것은 어디까지나 익숙해진 다음의, 좀 더 나중의 이야기이다. 처음부터 온 힘을 쏟으면 그 전에 자신이 지쳐버리니 주의하자.

한편 '이미 매일이 지쳐 나가떨어진 상태입니다'라는 분도 허다할 것이다. 무리도 아니다. 예민한 사람은 남에게 마음을 쓸 뿐만 아니라 수많은 일을 민감하게 감지하며 살아가고 있다. 보이는 광경, 들려오는 소리, 떠오른 집안일, 생각난 업무, 미디어에서 스치는 정보……. 하나하나의 일에 마음이 움직여서 남보다 두세 배는 더 쉽게 지친다. 피로한 탓에 무기력한 상태도 자주 경험할 것이다. 움직이지 않는 본인이 한심하단 생각이 들기도 한다. 하지만 지쳤으니 당연하다. 마음이 지친 상태에서 몸이 활기로 가득 차 넘친다면 그게 더 이상한 일이다. 이런 상황에서는 '난 글렀어' 같은 생각을 그만두는 것만으로도 마음이 상당히 편해진다. 예민한 사람의 피로에 초조함과 자책까지 얹어져 팽창하면 더욱 꼼짝 못하게 되는 악순환에 빠진다. 그러니 '피곤한 게 당연하지!'라고 스스로에게 자주자주 말하며 추가된 만큼의 피로만이라도 막으라.

그렇다면 쉽게 지치는 것 자체에는 어떻게 대처해야 할까? 유감스럽게도 쉽게 반응하고 쉽게 피로해지는 것은 거의 한몸이라 체질을 바꾸기가 어렵다고밖엔 말할 수 없다. 그러나 금방 지치더라도 의욕을 내는 일은 분명히 가능하다. '지치지 않는 노력법이 있다'고 하는 게 정확할 수도 있겠다. 아니, 더 어울리는 표현이 있다. '노력하지 않고도 해야 할 일을 해내는 방법', 이 말이 딱 맞는다. 다음 장에서 그 방법을 살펴보자.

'스몰 스텝'을 쓰면 순식간에 편해진다

해야 할 일을 하지 못할 때 예민한 사람의 마음속에는 그 과제가 실제보다 커 보이는 착각이 일어난다. 스스로도 일을 원래보다 더 무겁게 느낀단 걸 어렴풋이 알고는 있다. 알고 있기 때문에 '그리 큰일도 아닌데……'라는 자책이 하나 더 얹어지는 것이다. 그럴 때는 별거 아니니까 빨리 해치우자고 마음을 다잡아도 딱히 소용이 없다. 떠올리는 것만으로 한숨이 나오는 일은, 크게 보이는 것을 잘게 나누는 것이 가장 빨리 해결하는 지름길이다. 비단 큰 것처럼 '보이는' 일뿐만 아니라 실제 중대한 큰일에서도 마찬가지다. 이것이 노력 없이도 일을 해내는 방법 즉 '스몰 스텝'이다.

저기 높은 곳까지 다섯 계단으로 올라가라고 하면 각 계단의 단차가 너무 높아서 벅차다. 하지만 50계단으로 나누면 편하고 100계단이라면 더 쉽다. 낮은 계단 하나를 거저먹기로 올라가면 흐름을 타서 두 번째 단은 더 손쉬워진다.

마침 우리에겐 '큰일'로 보이는 과제가 있으니 그 이야기를 해보자. '다른 사람의 자기중요감을 충족시키기' 말이다. 스몰 스텝으로 이 일을 잘게 나누면 첫 번째 계단은 바로 올라갈 수 있다. 이를테면 첫 번째 계단으로 '내가 속속들이 아는 가장 가까운 친구를 칭찬한다'를 삼는다. 친구는 '성격' '성과' '지위' 중 어느 쪽을 더 중시하는가? 친구가 제일 기뻐할 것 같은 말을 해보자. "넌 어떻게 그렇게 사람이 다정하니?" "올해 너희 팀이 수주한 프로젝트가 작년보다도 많다며?" "역시 내 친구는 팀장이라 다르다" 등등. 이 정도라면 가뿐하다. 두 번째 계단으로 '평소와의 반응 차이를 살핀다'를 올라가 보자. 친구가 좋아해주면 성공이고 별다른 반응이 없더라도 세 번째 계단으로 '다른 방법을 시험해본다'를 오르면 된다. 이런 흐름으로 열 번째 계단 정도까지 사이좋은 사람이나 부담 없이 말할 수 있는 사람을 대상으로 진행해보다가 조금씩, 정말로 조금씩, 단순 지인이나 평소 어색한 사람에게도 도전해보자. 머릿속에 그림이 그려지는가?

다른 모든 일에도 요령은 같다. 대뜸 '일하기'를 목표로 하지 말고 '먼저 컴퓨터를 켜기'만 한다. '밥하기'가 아니라 '먼저 냉장고 열기'가 목표다. '기상하기'가 아니라 '먼저 이불 속에서 앉기'만 하면 된다. 이런 단계도 부담이라고 느껴지면 더욱더 잘게 나누자. 일어나기 전에 앉는 것이 아니라 '몸을 뒤척인다' → '옆으로 눕는다' → '무릎을 구부린다' → '그 상태로 뒹굴 엎드린다'라면 어떤가? 다음 단계에서 '상체를 든다' 또는 '앉기'까지 도달할 수 있을 것 같지 않은가?

부담스러운 일일수록 단차를 낮추자. 버겁게 느끼는 자신을 책망하는 시간은 전부 생략하고, 본인에게 알맞은 높이의 단계를 설정하라. 계단을 세밀하고, 낮게, 싫어도 얼마든 올라갈 수 있는 높이로 만들면 반드시 그곳에 도착한다.

첫걸음이 가벼우면 그다음은 자연스럽게 따라온다.

50점주의, 효율적 레벨업의 비밀

스몰 스텝에는 해야 할 일이 하기 쉬워지는 효과 외에도 또 하나 큰 장점이 있다. 바로 1단을 올라갈 때마다 성공 체험을 쌓을 수 있다는 점이다. 각 단계를 간단히 달성하고 그때마다 '해냈다!'고 생각할 수 있다.

이것은 예민도가 높은 분들이 별로 느껴보지 못한 감각이다. 예민한 사람에게는 성공을 느끼기 어려운 경향이 있다. 그 이면에는 '완벽주의'라는 마음의 버릇이 존재한다. 왜 완벽주의로 치우칠까? 감지한 모든 정보가 부피를 크게 차지하기 때문이다. 다른 사람이라면 부피가 적절하게 압축되어 '이건 어쨌건 상관없어' '저건 아예 머릿속에 들어오지도 않아'처럼 자동으로 선별할 수 있는 것을 예민한 사람은 '어느 게 더 중요하지?' '어디부터 쳐내야 돼?'를 하나하나 판단한다. 그 결과 '이것도 저것도 다 해야 하네'라고 느끼거나 중요하지 않은 부분을 조금 못한 것만으로 신경을 쓰게 된다.

이럴 때, 스몰 스텝을 밟는 것과 동시에 완벽주의를 해소해버리자. 스몰 스텝으로 각 업무의 '양'을 줄이는 데 더해 각 업무의 '질', 다시 말해 합격점을 낮추면 된다. 만약 당신이 자기 자신에게 설정해온 합격점이 100점이라면 절반인 50점 정도로 하자. 원래 기준이 너무 높으니 이 정도로 과감하게 낮추기를 추천한다.

참고로 '50점주의'는 기대하지 않기의 일환이기도 하다. 완벽주의는 달리 말하면 '내가 나 자신에게 내심 기대를 하고 있다'는 뜻이다. 앞서 '자기 자신에게 기대하지 않는다'에 관해 설명했을 때 어쩌면 당신은 이렇게 느꼈을지도 모른다. '더 나아지려는 의지가 없어도 괜찮을까?' '열심히 하지 않아도 돼?'라고. 하지만 그런 의미가 아니다. 자신에게 기대하지 않기는 소모적인 일희일비에 휘둘리지 않기 위한 방책으로, 일이 뜻대로 풀리지 않았을 때 의기소침하거나 생각이 많아지는 시간을 없애는 것이 진짜 목표다. 목표를 절반 정도 낮춰둔 뒤 지금 할 수 있는 일을 하며 한 계단씩 오르는 자세로 임해보자. 또 실제로 50점 정도의 결과가 나왔을 때 '역시 별로잖아' '여기랑 저기도 제대로 안 됐어'라며 못한 점을 일일이 늘어놓는 것은 효과적이지 않다. 애초의 목표가 너무 높았다. 부족한 50이 아니라 잘된 50에 주목하라. 50점이니까 목표 달성. 성공이다! 그다음은 잘된 부분을 확인하고 부족한 부분만큼 또다시 스몰 스텝으로 올라가면 그만이다.

예민한 사람이 크게 성공하려면

성공 체험이라는 말이 나온 김에, 세상에서 '성공한 사람'이라 불리는 이들은 왜 성공했을 거라고 생각하는가?

10년쯤 전에 미국에서 그 요인을 찾는 대규모 연구를 시행했다. 하버드대학교 졸업생을 대상으로 20년에 걸쳐 졸업 후의 인생을 추적한 것이다. 연구에서는 무엇이 사회적 성공을 거둔 사람과 그렇지 않은 사람을 갈랐는지 조사했다. 부모의 경제력, IQ, 전공 분야 등 다양한 비교축으로 조사했으나 어느 것도 결정적인 요인이 아니라는 사실이 밝혀졌다.

그럼 무엇이 결정적이었을까? 놀랍게도 '노력'이었다. '성공한 것은 성공할 때까지 포기하지 않았기 때문이다.' 조금 김빠지는 이야기지만 그것이 최종 결론이었다.

일본에서도 비슷한 실험이 있었다. 제1의 명문 도쿄대학교를 졸업한 사람의 집단과 그 외의 대학교를 나온 사람의 집단이 '얼마나 숨을 오래 참을 수 있을까'를 경쟁했더니 도쿄대학교 졸업생들의 숨참기가 확연히 길었다고 한다. 여기에서도 '일류대에 합격해 졸업한다'는 성과와 '노력할 수 있느냐 없느냐'가 깊은 상관관계가 있음을 엿볼 수 있다.

그러니까 예민한 사람도 어쨌거나 노력하라는 이야기가 아니다. 이 책에서 전하고 싶은 것은 노력하지 않아도 결과를 낼 수 있는 방법이다. 성공하기 위한 결정적인 요인이 노력이라면, 그 노력하는 힘은 어디에서 나오는가가 중요하다. 성공할 때까지 노력할 수 있는 사람의 공통점은 무엇일까? 바로 '성공 체험을 했다'이다. 선문답처럼 느낄 수 있지만 요는 이러하다.

성공했다는 느낌을 쉽게 받는 사람은……

→ 성공을 쉽게 느껴서 필연적으로 성공 체험이 많아진다.

→ 도전을 두려워하지 않게 된다.

→ 실패해도 일일이 타격을 받지 않는다.

→ 성공할 때까지 몇 번이고 도전한다.

→ 성공한다.

즉 '해냈다!'는 성공의 느낌을 스몰 스텝으로 '자주자주' 맛보고 50점주의로 '매우 쉽게' 맛본다면 결국은 어떤 대담한 도전도 무섭지 않게 되어 크게 성공할 확률이 높아진다. 이는 반대로 말하면 '100점이 아니었다' '또 안 됐다'고 실망만 하면 현재의 마음이 뒷걸음질 칠 뿐만 아니라 미래의 가능성까지 좁아진다는 뜻이다. 스스로 완벽주의가 있는 편이라고 자각한 분은 자신에게 엄격하기보다 과제의 단계를 유치할 만큼 잘게, 기대치를 너무 할 정도로 적게 할수록 결과가 좋아진다는 이 패턴을 꼭 시험해 보기 바란다.

100점을 목표로 하면 오히려 손도 못댄다.
적당한 기준이 생각을 가볍게 한다.

부귀영화나 벼락출세 같은
야망은 없더라도

여기까지 읽었지만 '성공'이라는 말이 딱히 와 닿지 않는 독자도 있을지 모른다. '나는 야망 있는 타입이 아니라서 필사적으로 성공을 목표로 달리는 데는 관심 없어.' '고위층이 되고 싶은 것도 아니고 억만장자가 되고 싶은 것도 아닌데.' 끝내 자신의 야망을 이뤄 호화로운 생활을 보내는 등 성공한 사람의 전형적인 모습을 떠올린 예민한 사람은 어딘지 세상에서 말하는 성공과 자신이 인연이 멀다고 느낄 때가 있다.

그러나 성공이란 그런 세속적인 이미지에 전혀 한정되지 않는다. 궁극적으로 말해 그 사람이 행복을 느끼며 산다면 어떤 인생이든 그리고 남들이 어떻게 생각하든 말든, 성공이다. 따라서 '나는 무엇에 행복을 느끼는가'라는 포인트가 중요하다.

'내가 바라는 건 ○○이다.'

위 문장을 당신은 말할 수 있는가? 이 점을 명확하게 하지 않은 사람이 의외로 많다. 이를테면 대학 동창이 출세할 경우 원래 그런 커리어를 바라지도 않았는데 왠지 모르게 열등감에 사로잡혀 생각이 많아진다. 쓸데없이 고민하는 시간이 늘어나는 것이다. 헛된 행동을 방지하기 위해서라도 '내가 행복을 실감하는 지점'을 명확히 하라. 이때도 앞서 소개한 기본적 '3유형 분류'가 유용하다. 이번에는 다른 사람을 파악하는 게 아니라 자기 자신이 어느 유형에 적합한지 생각한다. 퍼스낼리티(성격) 중시, 퍼포먼스(성과) 중시, 브랜드(지위) 중시에 따라 각기 바라는 성공의 형태가 매우 다르다.

퍼스낼리티(성격)를 중시하는 사람에게 성공은 자신의 인격을 높이는 것이다. 성실함, 고결함, 온화함, 깊이를 갖추고 결과적으로 타인과의 신뢰 관계 속에 서로 이해할 수 있는 사람들과 교제하기를 바란다. 퍼포먼스(성과)를 중시하는 사람은 실적이나 재산 등 형태가 있는 성과를 바란다. 또한 다른 사람들과의 관계에서는 '절차탁마', 자기 계발이 되길 희망한다. 즉 좋은 상대와 경쟁하고 자극받아 서로의 수준을 높이는 것에 기쁨과 보람을 느낀다. 브랜드(지위)를 중시하는 사람은 지위나 권위 등 눈부시게 빛나는 것에 주로 마음이 끌리는데, 그 이유는 '운신이 자유롭다' '내가 주도권을 쥐고 행동한다'는 바람을 지녔기 때문이다.

당신은 어떤 행복을 바라는가? 꼭 생각해보라. 의외로 자기 안의 속물적인 마음이나 기분 나쁜 면을 발견해도 부끄럽게 생각할 필요가 전혀 없다. 스스로에 대해서도 '좋다, 나쁘다'로 판단하는 것은 금물이다. 내가 바라는 바를 찾아서 솔직하게 마주하고 나면, 나머지는 기대하지 말고 담담하게 나아갈 뿐이다.

행복을 느끼며 산다면 남들이 어떻게 생각하든 말든
성공이다.

할 수 있는 일, 할 수 없는 일을 정리한다

서장의 마지막에 또 하나 중요한 마음가짐을 전하고 싶다. 자신이 바꿀 수 있는 것과 바꿀 수 없는 것을 철저히 구별하라. 이는 고민하는 시간을 줄이기 위한 매우 중요한 포인트다.

바꿀 수 없는 가장 큰 존재는 바로 '다른 사람'이다. 그 사람이 무엇을 생각하고 어떻게 행동할 것인가는 그 사람의 영역으로, 내가 무얼 해도 바꿀 수 없다. 가족, 친구, 어느 누구도 마찬가지다. 하지만 이 사실을 의식하지 않기에 다양한 폐해가 생긴다. 타인을 바꾸려고 소용없는 노력을 하다 지치거나, 바꾸지 못해서 상처받거나, 바뀌지 않은 것을 원망하기도 한다. 말할 것도 없이 그동안 시간은 또 흘러갔다.

우리 클리닉에 오는 환자 중에도 그런 분들이 부지기수다. "이렇게 괴로운 것은 동료인 ○○ 씨 탓이에요" "부모 때문에 자신감이 없는 인간이 되고 말았어요" "지독한 연인에게 휘둘린 기억이 남아 지금도 연애를 못 합니다"라는 이야기들에 귀를 기울이며 나는 내심 '바꿀 수 있는 부분에 좀 더 관심을 돌렸으면 좋겠다'고 생각한다. 하지만 그렇게 생각하는 나 또한 환자를 바꿀 수 없다. 오로지 이야기를 듣고 감정을 받아들여주는 것이 기본이다. 때때로 기회를 봐서 '바꿀 수 있는 것'에 관한 이야기를 껴넣기도 한다. 예를 들면 부모와의 갈등이 고민인 사람에게 "지금은 부모님의 말을 다 듣는 게 아니라 한 의견으로만 참고할 수 있게 됐군요"라며 좋은 부분에 주목할 것을 북돋거나, 전 애인의 무도함을 전부 참아준 사람에게 "다음번엔 상대에게 불만인 부분을 그 자리에서 털어놓자고 느끼게 되었잖아요"라며 좋은 변화를 지적하는 것이다. 나머지는 본인의 관심이 그쪽으로 향하느냐 마느냐인데 그걸 결정하는 것도 본인이므로 끈기 있게 기다리는 수밖에 없다.

자, 당신은 어떻게 하고 있는가? 바꿀 수 없는 것을 바꾸려고 해서 몇 년을 괴로워하지 않는지? 그러다 지친 바람에 정작 바꿀 수 있는 것은 방치하거나 될 대로 되라는 기분으로 포기하지 않는지? 마음에 짚이는 점이 있다면 지금이야말로 달라질 기회다. 이제는 시간과 에너지를 효과적으로 활용할 때다.

1장부터는 이를 위한 구체적인 대책을 소개하겠다. 지금까지 설명한 기본적인 이야기, 즉 큰 틀로서의 마음가짐과는 달리 난이도가 확 낮아질 것이다. 어깨의 힘을 빼고 작은 걸음을 내디뎌보자.

바꿀 수 없는 것의 가장 큰 존재는 타인이다.
바꿀 수 있는 것을 바꿔야 할 때는 지금이다.

1장

'손해 보는 고민'을

싹둑!

1장에서는 일상생활이나 업무에서 '손해 보기 쉬운 고민'에 관해 다룬다. 어쩌면 본인 스스로도 '이런 생각 때문에 난 늘 손해야' '이렇게 행동하고 마니까 내가 원한 건 늘 뒤로 밀리잖아' 등 짚이는 일이 떠오른 분도 있을지 모르겠다. 나중에 자세히 말하겠지만 나 역시 늘 같은 생각과 행동 패턴 때문에 사실은 하고 싶었던 일이면서 전혀 실현하지 못한 때가 있었다. 역으로 반드시 해야 하는 일인데도 '나는 이런 일엔 약해' 하고 뒤로 미룬 끝에 마감을 지키지 못하거나 실패하기도 했다.

예민한 사람은 불안이나 두려움 등의 감정에 민감할 뿐만 아니라 세세한 데까지 생각이 뻗쳐서 하고 싶은 일, 해야 하는 일을 앞에 두고 '하고 싶긴 한데……' '해야 되는데……'처럼 무심코 '그런데……'를 떠올리곤 한다.

그럼 이 '그런데……'가 사라지면 상쾌하지 않을까? 기본적으로 걱정되는 걸 억지로 누르거나 아무 준비 없이 미지의 세계에 첨벙 뛰어드는 것은 예민한 사람에겐 스트레스일 뿐이다. 그래서 이 장에서는 방해꾼인 '그런데……'를 무리 없이 이해하며 점점 그 말을 없애갈 수 있는 생각·행동을 소개할 것이다.

예민한 사람을 움직이지 못하게 하는 '그런데……'의 이유를 분석하고 하나씩 대책을 세우면, 그토록 압박이었던 '해야 할 일'이나 어느새 포기하려고 한 '해보고 싶은 일'에 뜻밖에도 가벼운 마음으로 임할 수 있게 된다. 매사를 자세히 살피고 신중하게 생각할 수 있는 예민한 사람은 '이해'만 하면 정확히 실천해낼 수 있다. 그리고 실천해서 '성공 체험'을 얻으면 아예 '습관화'할 수 있다. 이것은 예민하지 않은 사람보다 당신이 더 잘한다.

지금부터 각 장을 통해 소개할 수많은 '고민 숏컷' 기술 중 당신에게 맞을 것 같은 방법부터 하나씩 시도해보자.

하고 싶어도 행동으로 못 옮기는 이유

예민한 사람이 세상 사람들, 특히 활동적인 사람들을 볼 때면 과연 같은 24시간을 사는 게 맞는가 싶을 때가 있다. 취미가 많고 처음 본 사람들과도 겁 없이 교류를 늘리며 여러 가게와 커뮤니티에 발을 들여놓고 미지의 장소를 여행한다. 이런 활발함은 훌륭한 재주인 게 사실이다. 그에 비해 행동 반경이 좁고 사람과 세상에 관한 호기심이 더는 없는 듯한 자신이 조금 한심하게 여겨질 수도 있다.

하지만 오해다. 예민한 사람들은 호기심이 없는 게 아니다. 다양한 요소를 자극으로 느낀다는 것은 오히려 호기심이 남들보다 배로 강하다는 뜻이다. 말하자면 마음이 쉽게 흔들리는 사람은 활동적인 사람과 마찬가지로 마음속에서 대모험을 하고 있다. 유튜브를 보며 세계 각지의 절경은 물론 수백 년 된 카페의 내부 모습에도 크게 동할 때가 있지 않은가? 어릴 때 봤던 삽화, 중독됐던 드라마, 때로는 아무 생각 없이 펼친 화보 속 사진이 오랜 시간 마음에 남았던 경우는 없는가? 그 감동은 아마 활동적인 사람이 현지를 여행하며 보고 느낀 감동의 크기와 그다지 다르지 않을 것이다. 따라서 자신의 세계가 좁다고 생각하지 않았으면 한다.

문제가 있다고 한다면 'ㅇㅇ하고 싶은데 못하겠다'고 생각할 때이다. 운동을 시작해보기, 악기를 배워보기, 어떤 나라에 가보기와 같이 흥미를 끄는 일이 있는데도 귀찮다, 시작해봤자 오래가지 않을 거다, 모르는 곳은 무섭다며 망설이다가 몇 년이고 그 상태로 지낸다면 손해다.

[그림 3]을 보자. 비즈니스 상황에서 자주 쓰이는 '긴급도·중요도 매트릭스' 도표다.

중요하고 긴급한 일(①)이라면 바로 한다. 중요하지 않지만 긴급한 일(③)이라면 이 또한 후딱 해치울 것이다. 중요하지도 않고 긴급하지도 않다면(④) 그 일은 하지 않아도 괜찮다. 그럼, 중요하지만 긴급하지 않은 일(②)은 어떨까. 예민한 사람은 이 영역을 뒤로 미루는 경향이 있다. ②는 지금 실행하면 분명히 평생의 양분이 될 정도로 당신에게 중요한 일이다. 동시에 '좀 무서우니까 지금이 아니라도 괜찮겠지' 하고 미루면 인생의 마지막에 가서 후회를 하게 되는 일이다. 하고 싶은 일이라면 반드시 실행에 옮겨라.

우선, 어째서 하고 싶은데 할 수 없는지부터 생각해보자. 이유는 그것이 지나치게 큰일, 즉 난이도가 너무 높은 일이기 때문이다. 예컨대 스마트폰으로 어느 유튜버의 브이로그를 보고 싶다고 할 때 이를 실행하는 것은 당신에게 간단하지 않은가? 이 상황에서 '하고 싶은데 할 수 없는 현상'은 일어나지 않는다.

여기까지 말했으니 벌써 떠올리고 있을지도 모르겠다. 맞다. 해결책은 '스몰 스텝'이다. 하고 싶은 일을 작은 단위로 분해하면 된다. 아무리 목표가 산 정상처럼 높더라도 거기까지 가는 걸음걸음을 '스마트폰을 본다'와 같은 정도로 작게 만들면 애쓰지 않고도 착착 올라갈 수 있다.

나의 경우, 오랫동안 기타를 칠 수 있으면 좋겠다고 생각했지만 10년 넘게 시작하지 못했다. 그런데 2년 전 악기를 잘 다

[그림 3] 긴급도·중요도 매트릭스

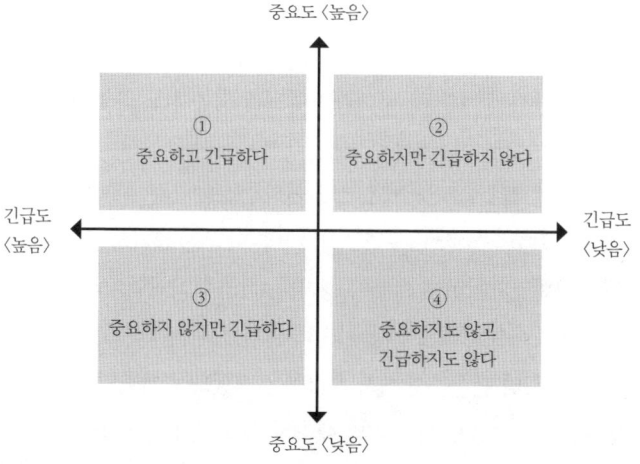

루는 친구에게 그 이야기를 했더니 "그럼 해봐"라면서 악기점에 데려가 기타를 사게 했다. 그 후 나는 밴드를 결성해 현재는 일주일에 세 번씩 스튜디오에서 연습하고 있으며 조만간 첫 라이브 콘서트를 여는 단계에 이르렀다.

여기서 내가 가장 처음 한 행동은 무엇이었나. '친구에게 이야기한다'라는 사소한 일이었다. 첫 단계로 매우 추천하는 방법이다. 그 방면에 정통한 지인에게 이야기하는 것도 좋고, 똑같이 초심자지만 해보고 싶어 하는 동료를 찾는 것도 훌륭하다. 아예 모르는 일을 시작할 때도 둘이라면 마음이 든든할 것이다. 그 외 가까운 학원을 인터넷으로 찾거나 가보고 싶은 나라의 여행 가이드북을 사는 것도 좋은 방법이다. 사람은 신기하게도 정보를 접하면 알 수 없는 의욕이 생기니 말이다. 이처럼 '첫 단계'는 아무리 작아도 의외로 큰 추진력이 된다.

그 후의 단계를 이어서 올라가는 요령도 존재한다. 바로 일정을 짜는 것이다. '시간 나면 해야지'라고 생각하는 것만으로는 좀처럼 실행할 수 없다. 〈○월 ○일 ○시부터〉라고 민지 계획을 설정하자. 이때도 외부의 힘을 빌리면 일이 한층 더 잘 풀린다. "○시부터"라고는 했어도 혼자서만 아는 계획이면 '오늘 말고 다음에 할까'라고 생각하기 쉽다. 〈학원 견학을 예약한다〉와 같이 조금은 강제력을 갖게 하는 것이 요령이다.

마지막으로 하나 더. 실제로 해봤는데 즐겁지 않거나 중도 포기했다고 실망하는 것은 금물이다. 나 또한 첼로를 공부하겠다고 문을 두드리자마자 좌절한 적 말고도 중간에 관둔 게 태반이다. 하지만 '나는 안 돼'라고는 전혀 생각하지 않는다. 자기 자신에게 그리고 결과에 '기대하지 않기'가 여기서도 중요하다. 결과를 깔끔하게 받아들이고 또 다른 무언가에 흥미를 느끼면 다시 아주 작은 첫 단계를 정해서 간단히 올라가면 된다. 간단한 행동을 가볍게 가볍게 거듭해보자.

성공 체험 이외의 방법을 피하기 쉽다

앞서 예민한 사람이 성공을 잘 느끼지 못한다고 설명하였다. 이는 뒤집어 말하면 성공한 체험에 대해서는 희소가치(Scarcity Value)를 느끼기 쉽다는 뜻이다. 소극적이거나 과하게 생각하는 경향으로 인해 '성공했다'고 느낀 체험 개수가 적다. 그렇기 때문에 일일이 매우 귀중히 여긴다. 때로는 '지나치게' 중요시한다.

친숙한 예로 말하자면 맛있는 음식점을 발견했을 때 '오늘도 거기 가야지. 다른 데 가서 실패하면 기분 나쁘니까'라며 새 가게를 개척하지 않게 되는 것과 같다. 잘 어울리는 옷이나 화장, 잘하는 과목이나 분야, 잘 처리할 수 있는 일 등에도 같은 일이 일어난다. 그러나 세월이 흐르면 잘 어울리던 옷이 어울리지 않게 될 수도 있다. 현실의 상황이 달라지고 새로운 지식과 기능을 터득해야 하는 경우도 생길 것이다.

잘하는 일, 안심되는 일의 안쪽에 계속 거주하면 알게 모르게 손해를 볼 가능성이 있다. 굳이 내가 이렇게 말할 것도 없이 '지금 이대로 지내도 괜찮을까?'라는 불안을 느끼고 있는 분이 수두룩할 것이다. 하지만 동시에 안심 지대의 바깥은 역시 무섭다고 느낀다. 그런 자신을 한심스럽게 여기고 있지는 않은가?

실내도 한심스럽지 않나. 새로운 일이 무서운 것은 자연스러운 감정이다. 새로운 체험은, 바꿔 말하면 '변화'다. 변화는 일종의 자극이며 자극은 곧 스트레스다. 섬세하거나 예민한 사람이 변화를 두려워하는 것도 무리가 아니다. 그럼 변화나 자극을 두려워하지 않고 심지어 반기기까지 하는 사람은 도대체 어떻게 그렇게 할 수 있는 걸까?

이유는 그런 자극을 예민한 사람보다 더 연하게(Mild) 받아들이기 때문이다. 적당히 옅어진 자극은 오히려 즐거움으로 이어진다. 공포감도 약해지면 '두근두근' '콩닥콩닥' 하는 설렘이 되는 것이다. 반대로, 예민한 분들보다 더 격렬하게 변화를 싫어하는 사람들도 있다. 나의 전문 분야인 자폐 스펙트럼 등의 발달장애가 있는 환자들이다. 발달장애를 가진 이들에게는 규칙적으로 같은 일을 반복하고 싶은 '고집'이 있는데 그게 무너지면 엄청난 스트레스를 느낀다. 날마다 똑같은 시각에 출근해야 직성이 풀린다, 전철역까지 오고 갈 때는 반드시 같은 길이어야 한다, ○요일은 어디 어디의 가게에서 이 메뉴를 먹어야 한다 등등……. 그 가게가 폐점이라도 한다면 패닉을 일으킬 수 있다.

여러분의 경우에는 그 정도로 극단적이지는 않으리라 생각한다. 하지만 환자분들을 위한 의료적 접근법에는 참고할 만한 부분이 있다. 예를 들면 미국에서는 자폐 스펙트럼 장애가 있는 아이들의 경우 학교 생활을 대비해 '쉬는 시간 보내는 법'을 가르친다. '수업 시간 보내는 법'이 아닌 점이 포인트다.

수업은 그들에게는 그다지 고행이 아니다. 무슨 요일의 몇 교시는 이것이라고 정해져 있으며 앉아서 듣기, 텍스트 읽기, 질문에 대답하기 식으로 할 일도 한정되어 있기 때문이다. 그에 비해 쉬는 시간의 자유는 고행으로 다가온다. 무엇을 해야 할지 모르겠다, 새로운 일이 불규칙하게 일어난다, 주위에 있는 아이들의 목소리가 너무 높다, 말하는 내용도 임의적이다. 이렇게 되면 눈앞이 캄캄해지고 마는 것이다. 그래서 의사들은 '쉬는 시간에 일어날 수 있는 일'과 '그들이 하면 좋은 일'을 사전지식으로 알려준다. 예상 밖의 일을 최대한 방지하는 동시에 어떻게 할 예정인지를 정하게 한다.

비슷한 요령으로 예민한 여러분에게도 '변화의 예정'을 잡는 것을 추천한다. 〈○월 ○일, 일이 끝난 후에 ○○모임에 간다〉와 같이 미리 정한다. 자유시간을 '무슨 일을 해도 되는 시간'인 채 놔두면 어쩐지 평소와 같은 일을 반복하기 쉽다. 하지만 예정을 정해놓으면 깔려 있는 레일을 타는 것만으로 새로운 체험을 할 수 있다. 예정은 '불규칙한(Irregular) 느낌'을 완화하는 수단인 것이다. 이때, 여태까지의 생활과 동떨어진 일을 갑자기 하는 것은 좋지 않다. 자극이 너무 강해서 그저 지치기만 하고 끝나기 때문이다. 평소와 아주 조금 다른 일부터 해보고 서서히 범위를 넓혀가는 것이 현명하다.

앞에서 말한 대로 사실 당신은 다른 사람보다 몇 배의 호기심을 갖고 있다. 그러므로 자극이 딱 들어맞으면, 다시 말해 적당한 정도의 연하고 알맞은 자극이라면 '엄청 재밌다!'고 느낄 것이다. 그런데 이렇게 재미를 느낄 때에도 요주의 사항이 있나. 오랜만에 다 같이 시간을 맞춰 의기투합한 모임에서 친구가 "2차도 가자"라고 꾀어낸다. 생각보다 즐거웠던 스터디 모임에서 "괜찮으면 이 다음 강좌도 남아서 듣는 게 어때?"라고 권유한다. 당신이라면 어떻게 할 것인가? 조금이라도 '어떡하지……?'라는 생각이 든다면 거절하라.

'겨우 한 발 내디뎠고 재밌기까지 한데 왜 그래야 하죠?'

'모처럼 흐름을 탔으니 단숨에 세계를 넓혀야 좋지 않은가?'라고 생각할지도 모르겠다. 하지만 분위기가 흘러가는 대로 행동하는 것은 본래 예민한 사람에게 맞는 방식이 아니다. 기껏 미리 할 행동을 정해 불규칙한 느낌을 억눌렀는데 예정에 없던 일을 더하면 또다시 자극이 너무 많아질 수 있다. 얼떨결에 분위기를 타서 당일은 어찌저찌 넘기더라도 다음 날 피로가 한꺼번에 밀어닥칠 가능성이 크다.

예민한 사람들에게 흔한 감각 즉 '재밌긴 했는데 너무너무 지친다'는 기분은 대개 자극의 허용량을 넘은 탓에 일어난다. 초조해하지 말고 느긋하게, 자신의 페이스대로 친숙해지는 것이 예민한 사람이 변화를 대하는 적합한 방법임을 기억해두자.

세월이 흐르면
잘 어울리던 옷이 어울리지 않게 될 수도 있다.

내 능력을 과소평가하는 습관, 어떻게 바꿀까?

"굳이 표현하자면 겸손하고 소극적입니다." 자신의 성격을 이렇게 파악하는 분도 이 책의 독자 여러분 중에 많을 것이다. 이유는 완벽주의로 인해 자신의 결점이 눈에 잘 띄기 때문이다.

겸손함은 언뜻 보면 좋은 것 같은데 손해를 보는 경우도 허다하다. 예를 들면 남이 봤을 때 충분히 잘한 일을 "아니에요, 별로 잘 못했는걸요" 식으로 지나치게 비하해서 상대방은 '날 은근히 조롱하는 건가?' 하고 꼬아서 듣게 되기도 한다. 더 큰 손해도 있다. 자기 평가가 너무 낮아서 목표를 높게 설정하지 못하는 것이다. 어렸을 때 학원에서 "이번에 잘하면 상을 받을 수 있대!"라는 말을 들어도 '난 경쟁 같은 건 하고 싶지 않아'라며 뒷걸음질 친 적은 없는가? 10대 때 그림을 잘 그린다고 칭찬받은 것이 내심 기뻤는데 일반 대학교에만 원서를 넣은 적은 없었는가.

경쟁이 싫다는 생각도 물론 존중받아야 한다. 하지만 만약 그 속마음이 '난 어차피 안 될 거니까'였다면 분명히 '기회 손실'이다. 자신의 실력을 낮게 보고 목표를 소극적으로 잡으면 결과도 소소하게 나온다. 이는 앞날의 가능성을 좁히는 일밖엔 되지 않는다. 학원이나 대학교에서라면 아직 어리니 다음 기회에 다시 해볼 수 있다. 그러나 사회인이 되어서도 여전히 같은 버릇이 있다면? 일할 기회를 놓칠 수 있고, 의외인 이야기지만 연애에서의 실패도 늘어난다. '가치관이 조금 안 맞지만 모처럼 나한테 말을 걸어줬으니까' '이해 안 되는 부분이 있지만 겨우 생긴 남자친구니까'라며 타협적으로 파트너를 선택하고 최종적으로 지독하게 이별해서 연애 자체가 무서워진다. 자기 평가가 낮은 사람이 빠지기 쉬운 시나리오다.

 혹시 당신의 마음속에도 짚이는 데가 있다면 자기 평가를 높여나가야 한다. 그 연습으로는 이미 얘기한 '자기 자신에게 기대하지 않기'가 효과적이다. '반대 아닌가요?!'라고 되물을 것 같은데 이것이 최고의 처방전이다. 자기 평가가 낮은 것은 자신에 대한 기대가 너무 높아서 늘 스스로 잘못을 지적했기 때문이다. 기대를 버리면 자기 자신을 타당하게 바라볼 수 있고 적절한 자신감이 갖춰져 두려움이 사라지며 실력에 걸맞은 도전을 할 수 있게 된다.

 하지만 역시 익숙해지기까지는 시간이 걸린다. 그러니 간단한 방법을 소개하겠다. 칭찬받은 경험을 하나라도 더 많이 떠올려보자. 부모님, 학교 선생님, 친구, 동료, 선후배, 상사, 누가 한 말이라도 좋으니 과거부터 현재까지 적어보라. …… 어떤가? 아마 솔직히 인정할 수 없는 내용이 대부분일 것이다. '고작 그런 일로 칭찬받아봤자' '우연이었는데' '과대평가했네' '날 잘못 봐서 그래' 같은 반론이 잔뜩 나올지 모른다.

 눈치챘는가? 이것이야말로 지나치게 낮은 자기 평가의 편향 상태를 보여준다. '고작 그런 일로'는 기대치가 너무 높아서 판단력이 흐려진 증거다. '우연' '과대평가' '잘못 봐서'도 마찬가지다. 그때 상대방에게는 확실히 그렇게 보였다. 상대방이 봤을 때 훌륭한 행동을 당신은 분명히 했던 것이다. 편향이 심각하면 '내가 딱해 보이니 과장되게 칭찬해준 것' '위로해줄 요량으로 장점을 날조했다'는 생각도 떠오르기 십상이다. 그러나 그것이야말로 날조이니 무시하라.

자기 자신에 대하여 얼마나 치우친 판정을, 공정하지 못한 평가를 내려왔는지 깨닫자. 예전에 자신이 성급하게 지나쳐버린 성공 체험과 다시 한 번 마주하라. 분명 몰랐던 자신의 가능성에 조금씩 눈이 떠질 테니.

스스로에 대한
기대가 높을수록 자기 평가가 낮아지고
기대를 없앨수록 자기 평가가 높아진다.

큰 업무, 책임이 있는 일에서 피한다

앞에서 자기 평가가 낮으면 일할 기회를 놓칠 수 있다는 이야기를 했다. 혹시 이미 경험한 적이 있는 분도 많지 않을까 예상한다. 신규 프로젝트를 맡는다, 승진 기회를 타진한다, 연수의 리더 역할을 부탁받는다 등등. 이런 '큰일'을 제안받았을 때 '나한테는 안 맞는 중대한 역할 같아서' 거절한 적이 있는가? 만약 다음에 같은 일이 있으면 이번에는 '나는 감당 못할 것 같다'고 단정하지 말고 침착하게 생각해보라.

먼저, 내가 생각하는 나의 인상에 사로잡히지 말아야 한다. 상대방이 중요한 역할을 부탁했다는 것은 상대방이 당신은 '할 수 있다'고 생각했다는 뜻이다. 즉 자기 평가보다도 다른 사람의 평가가 더 높다. 백번 양보해서 정말로 과대평가였다 해도 사실은 상관없다. 현시점에서 실력이 갖춰지지 않았더라도 '역할의 힘'으로 성장하면 된다. 상대방은 아마 그런 점도 예측해서 제안할 것이다.

역할을 맡은 후엔 방법만 알면 실력은 반드시 는다. 그 방법은 이미 길 알고 있는 '스몰 스텝'이다. 실력을 낼 수 없는 것은 실력이 없기 때문이 아니라 무섭고 불안해서 주춤주춤 물러나기 때문이다. 이 점을 해결하기 위해서는 1단을 작게 설정하는 것이 가장 좋은 방법이다. 일을 착수하기 전의 준비 단계부터 세밀하게 나누는 버릇을 들여놓자. 일의 개요가 담긴 자료를 예습하는 게 귀찮을 때는, 처음부터 읽으려 들지 말고 아래처럼 단계를 잘게 나눠서 진행한다.

(×) 자료를 예습한다.
(○) 자료를 책상에 올려놓는다 → 노트를 펼친다 → 펜을 잡는다 → 노트에 제목만 쓴다 …

일을 착수한 후의 이미지도 그려놓자. 이때 '과제 분석(Task Analysis)'이라는 방법이 유용하다. 의사들이 발달장애가 있는 아이들에게 실시하는 접근법이다. 예민한 사람이 '무섭다'고 느끼는 것을 아이들은 '모른다'고 느낀다. 그래서 예민한 사람보다 더 촘촘한 세분이 필요하다.

예를 들면 '볼펜 분해하기'라는 과제가 있다고 하자. 그때 그냥 "자, 분해해봐"라고 하면 발달장애가 있는 아이들은 난처해한다. "뚜껑을 열고 펜 끝의 은색 부분을 분리해"라고 해도 여전히 문턱이 너무 높다. 그래서 이 정도로 세밀한 과정으로 진행한다.

볼펜을 (오른손잡이라면) 왼손으로 잡는다 → 오른손으로 뚜껑을 연다 → 뚜껑을 테이블에 올려놓는다 → 오른손으로 볼펜 끝의 은색 앞머리 부분을 삽는다 → ┘ 부분을 오른쪽으로 비튼다 → 계속 돌려서 은색 부분을 분리한다 → 은색 부분을 테이블에 올려놓는다 …

이렇게 하면 아이들도 실수 없이 정확하게 분해한다. '카레 만들기' 같은 좀 더 복잡한 일도 마찬가지 방법으로 진행할 수 있다.

세밀하게 분해하면 총 100가지에 가까운 과정이 되는데, 이를 일일이 카드로 만들어 한 장씩 넘기면서 혼자 힘으로 카레 요리를 완성시키게끔 한다.

이 방법을 참고하여 '순서 시나리오'를 만들자. 일의 목적, 기간별 목표 등 큰 틀부터 시작해 점점 세분화하여 '첫날의 첫 1시간은 이것을 한다' 식의 예정을 정한다. 1시간씩도 부담스러운 업무라면 15분씩, 5분씩이라도 상관없다. 세분화할수록 무서움은 줄어든다. 무서움이 줄어들면 어떤 일도 무리가 아님을 깨달을 것이다.

세밀한 순서로 확실히 준비해놓으면 인간은 대부분의 일을 할 수 있다. 볼펜 분해, 카레 만들기, 신규 사업 프로젝트…… 우주에 쏘아올리는 로켓 만들기까지도 말이다. '과제 분석'이라는 무기를 갖추고 새로운 곳을 향해 출발하자.

멀티태스킹 대신 '싱글 트랙' 전략

'멀티태스킹'은 여러 개(Multi-)의 업무를 동시 병행해서 처리하는 것을 나타내는 말이다. 업무 현장에서는 멀티태스킹을 잘한다, 못한다 같은 표현을 흔히 사용하는 듯하다. 예민한 사람에게 멀티태스킹을 잘하느냐고 물어보면 대부분 '여러 일을 동시에 하기 어렵다'는 답이 돌아온다. 왜냐하면 감수성이 높아서 눈앞의 일에 마음을 쉽게 빼앗기기 때문이다. 그런 상태에서 다른 업무를 동시에 하기란 매우 어렵다.

 그런데 사실은, 예민하든 아니든 어느 누구도 멀티태스킹을 하지 못한다. 인간의 뇌는 늘 한 가지에 주의가 향하는 구조로 이루어졌기 때문이다. 아무리 수많은 업무가 있어도 그때 몰두하는 1순위는 늘 '한 가지'다. '듣고 보니 그렇네'란 생각이 들 것이다. 무슨 노력을 해도 동시에 서로 다른 정보를 받아들이기란 불가능하다. 책을 읽으며 라디오를 듣는 일도 사실은 책 몇 줄을 읽다가 라디오를 듣고 라디오를 듣다가 책 몇 줄을 읽으며 세밀하게 전환할 뿐이다. 즉 '멀티태스킹을 잘한다'고 하는 사람도 사실은 '싱글태스킹을 새빨리 전환할 뿐'이다. 그리고 멀티태스킹을 못하는 사람은 이 전환이 서투른 것이다.

 요즘 세상에서는 '멀티태스킹을 할 수 있다 = 일을 잘한다'는 막연하고 뭉뚱그린 이미지가 통용된다. "일은 한 가지가 아니니까 멀티태스킹으로 진행하세요"라고 하는 상사도 있을 텐데, 상사는 원래 무리한 일을 부하 직원에게 강요하니 놔두자. 업무 간의 전환이 잘 안 되는 사람은 그런 말을 들은 이상 멀티태스킹을 꼭 할 수 있어야 한다는 불필요한 초조함에 사로잡힌다. 그 결과 한창 몰두하던 업무도 지장을 받는다. 작업을 하고 있으면서도 '그 일도 해야 해. 그러고 보니 저 일도 해야 하는데……' 하며 주의가 분산되어 결과적으로 하나도 제대로 하지 못하는 사태가 일어나는 것이다. 당신에게도 비슷한 경험이 떠오른다면 '사실 멀티태스킹은 존재하지 않는다'는 것을 먼저 인식하라. 그리고 눈앞에 있는 한 가지 일에 침착하게 전념하라.

'침착하게 전념'하려면 '손과 눈의 협력'이 핵심이다. 안절부절못하는 상태에서는 시선이 손에서 멀어지고 허둥지둥하기 십상이다. 뇌의 지령도 손끝까지 닿기 어려워 실수도 늘어난다. 그럴 때는 마음속으로 생각하라. '손을 본다!' 이것만으로 분산된 생각이 한 곳으로 돌아온다. 날마다 아침 저녁에 5분간 '천천히 손글씨 쓰기'와 같은 손과 눈을 동시에 사용하는 일과를 갖는 것도 추천한다. 뜨개질을 좋아하는 분은 당연히 뜨개질을 해도 좋다. 손과 눈의 협력이 습관화되면 한창 바쁜 일을 하는 와중에도 침착해지는 방법을 떠올릴 수 있다.

마음은 침착해졌다고 해도 업무량은 그대로다. 여러 개의 업무에 대응하는 해결책도 확실히 있으니 안심하라. '싱글 트랙'으로 순서를 짜면 된다. 다시 카레를 예로 들어보겠다. 이번에는 카레와 샐러드와 푸딩을 동시에 만드는 장면을 떠올려보자. 꽤 어려울 것 같은데 어떤가?

다음 장의 [그림 4]를 보자. 전환을 잘하는 사람은 멀티태스킹이 아닌 '멀티 트랙'으로 작업을 진행한다. '카레' '샐러드' '푸딩'이라는 세 코스가 있어 어느 때는 카레 트랙, 어느 때는 샐

[그림 4] 멀티 트랙과 싱글 트랙

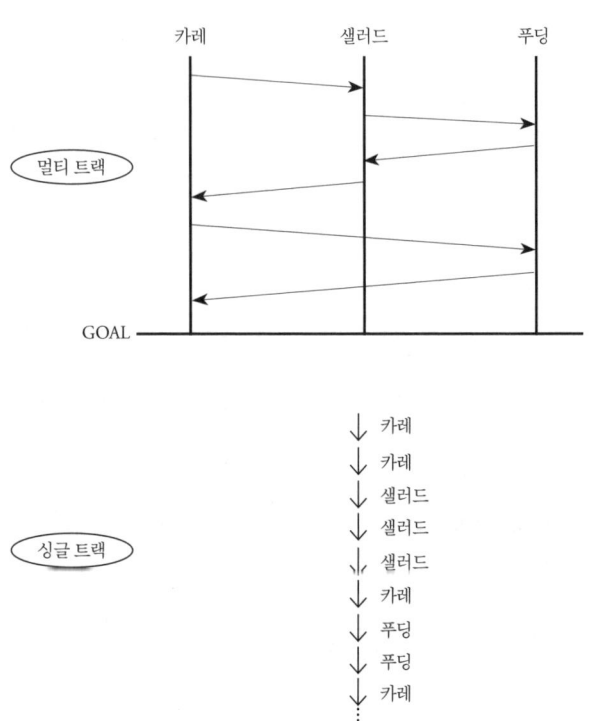

러드 트랙, 이렇게 좌우로 왔다갔다 하며 달린다. 반면 전환이 서투르면 그렇게 널뛰는 이동은 어렵다. 그래서 우리에게는 싱글 트랙이 필요하다. 자, 세 개의 트랙을 하나로 모아보자.

멀티 트랙 방식은 '카레'의 순서, '샐러드'의 순서, '푸딩'의 순서를 따로따로 메모하고 그것들을 동시에 바라보며 작업한다. 하지만 싱글 트랙은 세 요리의 순서를 시간축에 따른 '한 줄'로 잇는다.

감자 썰기(카레) → 당근 썰기(카레) → 양파 썰기(카레) → 양상추와 토마토 씻기(샐러드) → 양상추 잘게 찢기(샐러드) → 토마토 썰기(샐러드) → 그것을 냉장고에 넣기(샐러드) → 고기 썰기(카레) → 냄비로 고기 익히기(카레) → 감자와 당근과 양파도 넣어서 볶기(카레) → 달걀 풀기(푸딩) → 우유 더하기(푸딩) …

이와 같은 방식이다. 작업 내용 자체는 멀티 트랙과 완전히 같다. 하지만 세 줄로 표현하는 것과 한 줄로 표현하는 것은 인상이 완전히 다르다. 따로따로 적어놓으면 언제 어느 타이밍에 무일 해야 힐시 중간에 헷살니기 쉽지만 한 술이라면 너끔하다. 안심하고 주저없이 달려나갈 수 있다. 카레와 샐러드와 푸딩을 만든다는 복잡한 예를 들었지만 먼저 '카레와 샐러드를 만든다' 또는 '기획서 작성과 쌓인 메일에 답장한다' 등 하기 쉬운 내용으로 싱글 트랙을 그리는 연습을 해보자. 익숙해지면 업무가 세 개 이상이라도 싱글 트랙에 적용하여 무사히 완수할 수 있게 된다.

손과 눈을 동시에 사용하는 일과를 갖는다.
분산된 생각이 한 곳으로 돌아온다.

긴장하면 정보가 머릿속에 들어오지 않는다

예민한 사람은 스스로 '이해가 느리다' '기억력이 나쁘다'라는 오해를 하고 있다. 작업 순서를 정해놓은 매뉴얼(설명서)이나 업무 자료 등 처음 보는 정보를 받아들일 때 머릿속에 쉽사리 들어오지 않아 자괴감에 침울해했던 사람도 있을 것이다. 이는 이해력이나 기억력이 부족한 탓이 아니다. 원인 중 하나는 감수성이 풍부하기 때문이다. 정보 하나하나가 지나치게 영향을 주는 데다 연상된 생각까지 더해져 머릿속이 어수선할 때가 있다.

또 하나 더 큰 원인은 긴장이다. 평소 긴장을 푼 상태에서 아무렇지 않게 읽은 책은 머릿속에 쏙쏙 들어오지만 시험장에서 긴장 상태로 읽는 글은 몇 단락도 집중해서 읽기가 어렵다. 자료나 매뉴얼에서도 같은 일이 일어난다. 매뉴얼을 읽는다는 것은 그 일이 처음이라서다. 즉 긴장하기 쉬운 상황이라는 뜻이다. '외워야 돼' '빨리 잘할 수 있어야 해'라는 부담감이 머릿속을 점령해 정작 중요한 정보가 들어오지 않는다.

이렇게 쉽게 긴장하더라도 이해를 확실히 하는 기술이 있나. 나만의 매뉴얼을 만드는 것, 다시 말해 원래의 매뉴얼을 나만 보기 위한 용도로 다시 쓰는 방법이다. 내용을 바꾸는 것은 아니고 당신이 알기 쉬운 표현으로 변형한다는 뜻으로서, 오른쪽 페이지의 내용을 예로 들 수 있다.

이 외에도 '나라면 이렇게 표현할 텐데' '한마디로 이렇게 하라는 거잖아'라고 생각한 점이 있으면 계속 변형해보라. 그 과정에서 당신은 당신만의 매뉴얼을 완성하기도 전에 이미 이해가 깊어져 있을 테니.

대충 급하게 설명한 부분을 세밀한 순서로 나눠서 쓴다

원래의 매뉴얼	기계를 켜고 설정을 확인한 뒤 작동시키세요.
나만의 매뉴얼	전원 버튼을 3초 이상 길게 누른다. 화면이 켜지면 설정 메뉴로 이동한다. 설정에서 필요한 값을 확인하고 저장한다. 마지막으로 작동 버튼을 눌러 기계에 시동을 건다.

중복된 정보나 사족이라고 느낀 표현은 심플하게 생략한다

원래의 매뉴얼	청소기를 사용하기 전, 먼지통을 비워주세요. 먼지통을 비우지 않으면 먼지가 쌓이고 성능이 떨어집니다. 그러니까 먼지통을 꼭 비워주세요!
나만의 매뉴얼	청소기를 사용하기 전에 먼지통을 비운다.

딱딱한 단어를 캐주얼한 단어로 바꾼다

원래의 매뉴얼	해당 부품이 올바르게 장착되지 않았을 시엔 정상적으로 작동하지 않을 수 있습니다.
나만의 매뉴얼	부품이 제대로 끼워지지 않으면 기계가 안 켜질 수 있다.

문장이 길어서 한 번에 안 들어오면 항목별로 쓰거나 그린다

원래의 매뉴얼	장치를 작동하려면 먼저 코드를 꽂고 전원을 켠 다음 화면에 나타나는 메시지를 따라 설정을 완료하세요.
나만의 매뉴얼	🔌코드 연결 → ⏻전원 버튼 ON → 🖥화면 메시지 설정

사실 이 방법은 내가 인턴 시절에 실천한 것이다. 병원에 비치된 매뉴얼이 머릿속에 전혀 들어오지 않아 괴로운 나머지 시작한 일이었는데 예상보다 더 큰 효과를 보았다. '이 증상이 있는 환자에게는 이렇게 대응한다, 이 약을 처방한다' 등의 정보를 나만의 글쓰기로 수첩에 기록하고 흰 가운 주머니 안에 항상 넣고 다녔다. 헷갈릴 때 바로 꺼내 볼 수 있어서 안심이 됐다. 그리고 역시나 글을 쓰는 과정 자체에서 이해가 깊어지는 효과를 느꼈다. 일을 일찍 배우고 익숙해진 것은 오로지 나만의 매뉴얼 덕분이다.

'자기 손으로 쓰는' 작업은 자신의 바깥에 있는 정보를 자신의 안으로 끌어들이는 일이라 할 수 있다. 정보를 자기 머리로 재구축하는 작업은 '과제 분석'(95쪽)을 위한 훈련으로도 매우 적합하다. 처음 만나는 상대방과 거리를 좁히고 친해지는 과정과도 비슷하다. 단지 사람에 대한 낯가림이 아닌 정보에 대한 낯가림을 덜어주는 특효약이라고 할 수 있겠다.

자기 매뉴얼은 일 이외에도 폭넓게 활용할 수 있다. 이해하기 어렵다고 느끼는 모든 일에 응용해보라. 공이 많이 드는 요리의 레시피, 깨알 같은 설명서, 복잡한 신문 기사, 교과서, 참고서 등 '어려워 보이는 것은 일단 내 글로 적는' 습관을 들이자.

조금 색다르게는 여행 가이드북을 자기 방식으로 매뉴얼화하는 활용법도 있다. 예민한 사람은 미지의 것에 경계심을 잘 느끼기에 여행해보고 싶지만 귀찮아서 갈 수 없는 장소만 많아지기 쉽다. 관광용 책자나 시중에서 판매하는 서적은 사람에 따라 정보가 과다하거나 흥이 넘쳐 들뜨거나 디자인이 지나치게 발랄해서 머릿속에 잘 들어오지 않을 수도 있다. 그렇다면 가이드북을 직접 만드는 것이 좋다. 일을 크게 벌일 필요도 없다. 보고 싶은 장소만 골라낸 간이 메모를 적는 것만으로도 정보량이 한정되어 머릿속 그림이 명확해진다. 방향 감각에 자신이 없는 사람은 오로지 여행 중의 교통수단만 적는 것도 좋은 방법이다. 모르는 동네에서는 의외로 역이 복잡하거나 환승이 어려워서 당황하는 경우가 종종 있다. 스마트폰 앱 구글맵으로 얻은 정보를 본인용으로 편집해놓으면 완성이다.

만약 이런 작업을 좋아한다면 대대적으로 일을 크게 벌여도 당연히 상관없다. 예쁜 카페를 탐방하길 좋아하던 어떤 상담자는 본인이 '혼자 가기 좋았던 카페'만 골라 편성해놓은 지도를 SNS의 팔로워에게 공유하여 대반향을 일으킨 적이 있다. 그림을 좋아하는 분이라면 글쓰기보다 그리기도 추천한다. 여행 중은 물론 여행 후에도 그 마을의 기억이 되살아나는 추억의 작품이 될 것이다.

날씨가 안 좋을 뿐인데
의욕이 사라진다

날씨가 나쁘면 컨디션이 다운되는 사람이 있다. 흐린 잿빛 하늘이나 습한 공기 탓에 우울해질 뿐만 아니라 정말로 몸 상태가 나빠져서 꼼짝하지 못하게 된다. 두통, 현기증, 어깨 결림, 나른함 등 증상은 다양하다. '날씨통'이라는 명칭도 붙은 이런 증상은 기압의 변화에 따라 일어난다고 한다. 따라서 '비가 내린 정도로 움직이지 못하다니 너무 나약한 거 아니냐'라는 비판은 번지수가 틀렸다. 스스로 그렇게 생각하는 것 역시도 불필요한 자책임은 물론이다.

추위에 매우 약한 사람도 있다. 겨울철에 우울한 사람이 증가하는 것은 정신과의사라면 모두 실감하고 있다. 우울증까지는 아니더라도 '추워서 몸을 움직이기가 싫다'고 호소하는 환자도 많다. 이 또한 날씨병과 마찬가지로 의지나 근성의 문제가 아니다. 분명한 신체 이상이므로 적절하게 대처해야 한다.

우울감이나 권태감을 가볍게 털어내는 방법은 의외로 간단하다. 우울감이나 권태감이 있을 때는 체내 온도가 내려간다. 그러니 몸을 따뜻하게 하면 된다. 체내 온도가 올라가면 엔도르핀(Endorphin)이라는 신경전달물질이 분비된다. 엔도르핀은 도파민, 세로토닌, 옥시토닌과 함께 '행복 호르몬'이라 불리며 통증을 억제하거나 기분을 충만하고 좋아지게 하는 작용이 있다. 몸을 따뜻하게 하는 방법으로 널리 알려진 것은 '반신욕'이다. 미지근한 물에 신체 절반만큼을 천천히 담가 긴장을 푸는 방법이다. 그러나 개인적으로는 '미지근함'이나 '절반만'에 구애받지 않아도 된다고 생각한다. 그냥 40도 정도의 물을 받은 욕조에 몸을 푹 담가도 따뜻해지는 효과는 똑같다.

　더 간단하면서도 '0순위'로 추천하는 방법은 바로 일회용 핫팩이다. 중요 포인트는 붙이는 곳에 있다. 항간의 건강 정보로는 배에 붙이라는 얘기도 있는데 이 방법은 추천하지 않는다. 피하지방이 두꺼워서 열이 잘 전달되지 않기 때문이다. 제일 좋은 위치는 등 아래쪽이다. 골반 위쪽 부근의 옷 안쪽에 붙여보자. 이 부위의 바로 밑에는 대동맥이 지나간다. 따뜻해진 혈액이 재빨리 온몸을 순환해서 효율적으로 체온을 올려준다. 엔도르핀이 분비돼 기분이 좋아질 뿐만 아니라 온몸의 혈류가 순조로워져 내장 기능도 개선되며 뇌도 활성화된다. 물론 냉한 체질에도 효과적이다. 겨울만 아니라 여름이라도 몸이 차가워지면 핫팩을 붙여라.

　이런 대증요법이 있는가 하면, 체질 자체를 기압에 좀처럼 좌우되지 않도록 찬찬히 바꾸어가는 접근법도 있다. 기압의 영향을 받기 쉬운 사람은 한의학에서 말하는 '수독(水毒)'의 경향을 띤다. 몸에 수분이 머물기 쉬운, 다시 말해 '길 붓는' 체질인 것이다. 수독인지 아닌지 구분하려면 자신의 혀를 보자. 혹시 혀의 좌우 가장자리가 울퉁불퉁한가? 이는 '치압흔'이라고 해서 부은 혀에 잇자국이 생긴 상태다. 징후가 있다면 몸의 배수를 개선하는 '디톡스'를 의식해보자. 가장 효과적인 것은 '림프 마사지'를 받는 것이다. 나도 수독 경향이 다소 있어서 정기적으로 림프 마사지를 받으러 다닌다. 시술 후에는 얼굴이 한층 작아지고 기분 탓인지는 몰라도 피부도 하얘져서 독소가 빠진 것이 느껴진다.

직접 손쉽게 할 수 있는 부종 대책으로는 '두피 마사지'를 추천한다. 전용 고무 브러시를 사용하는 것도 좋고 괄사도 효과적이다. 부종이 있으면 두피는 딱딱해진다. 결림이 느껴지는 부위를 정성껏 풀어주자.

하늘이 흐리면 나를 조금 더 따뜻하게 돌볼 것.

대충대충의 마음으로 딱 5분만

날씨가 좋아도 늘 나른하고 졸린 기분을 느끼는 사람도 있다. 예민한 분들이 느끼는 권태감의 원인은 다양하다. 주위 사람에게 너무 신경을 썼다, 지나치게 감정 소모를 했다, 받아들인 정보가 너무 많았다, 시끄러운 장소에 있었다 등등 온갖 이유로 '긴장함 ↔ 지쳐서 나른해짐'이 번갈아가며 반복된다. 이럴 때도 몸으로 접근하는 방법이 효과적이다. 아주 단순하게도 '많이 걷는 것'이 가장 안전하며 디톡스 효과도 크다. 산책하거나 계단을 사용하는 것으로 충분하다.

또 하나, '스트레칭'을 매일 하는 습관을 들여야 한다. 긴장이 풀리고 나른함이 사라질 뿐만 아니라 밤에 피곤한데도 신경이 곤두서서 잠이 안 올 때에 적합하다. 이 책에는 '자기 전 5분 스트레칭' 3종을 소개하겠다. 어느 것도 몇 번, 몇 초 같은 상세한 규칙은 정해지지 않았다. 3종 스트레칭을 계속하다가 총 5분이 되면 충분하기 때문이다. 대충대충의 마음으로 시작하자!

견갑골 주변 스트레칭

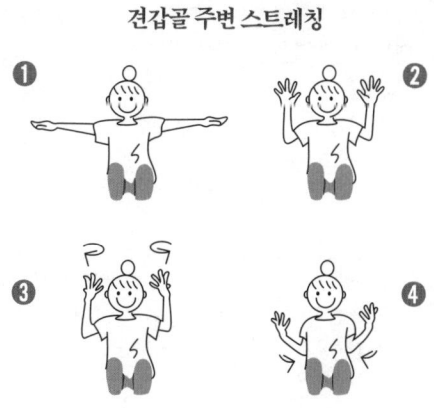

① 양팔을 가로로 쭉 펼친다.
② 팔꿈치를 90도로 구부리고 손끝을 위로 한다(손바닥은 앞을 향한 상태).
③ 손바닥을 안쪽으로 향하게 한 후 아주 최대한 돌린다.
④ 그 상태에서 양 팔꿈치를 몸통에 붙이면 견갑골 사이가 꽉 조여져 굳은 어깨, 목 주위가 서서히 풀린다.

고관절 주변 스트레칭

① 의자에 앉아서 오른발을 왼쪽 허벅지에 올린다.
② 손으로 오른발 무릎을 천천히 아래로 누른다.
③ 좌우를 교체해서 같은 방법으로 반복한다.

올린 쪽의 다리 무릎부터 아래쪽이 바닥과 평행해질 정도까지 눌러서 밑으로 내린다. 이때 등골은 쭉 펴서 상반신이 좌우로 치우치지 않도록 주의!

전신 스트레칭

① 단거리 육상의 '크라우칭 스타트' 자세로 무릎을 세운다.
   몸을 낮춘 채 손가락은 V자 모양으로 벌려 바닥에 안정적으로 지탱,
   머리와 척추는 일직선을 유지, 고개는 살짝 숙여 편안한 자세다.
② 위쪽 그림처럼 세운 쪽의 다리는 최대한 앞을 향하고, 뒤쪽 다리는 뻗는다.
③ 아래쪽 그림처럼 몸을 비틀고, 뒷다리(뻗은 다리) 허벅지 뒤쪽(햄스트링)에
   무릎을 세운 쪽 손을 등뒤로 돌려 바깥쪽에서 걸친다.
④ 앞다리와 뒷다리를 번갈아가며 같은 방법으로 반복한다.

몸을 비트는 것으로 온몸의 근육에 효과를 미치는
스트레칭. ③의 포즈를 몇 초간 유지하다가
서서히 펴는 것이 포인트!

상대의 모습이 그저
'일면'임을 기억한다

'그 사람과 비교하면 나는……'이라는 생각은 예민한 분들이 아니라도 흔히 한다. 외모, 머리 좋음, 학력, 집안, 유능함, 인기, 인맥, 경제력, 지위 등 이 세상에는 비교점이 한두 개가 아니다. 최근 들어 SNS가 발달한 이후로는 '취향의 세련됨'이나 '충실한 하루'도 강력한 비교점이 되었다. 그런 가운데 사람은 늘 우월감과 열등감에 일희일비한다.

예민한 사람의 경우는 이 중에서도 상대적으로 열등감을 느끼는 경우가 많다. 자신에게 엄격하므로 결점이 더 신경 쓰이고 '그 사람보다 나는 못하다'라는 생각을 떠올린다. 그것만으로도 충분히 스트레스인데 또 하나 예민한 사람이 신경 쓰는 포인트가 있다. 자꾸 남과 비교하는 자기 자신을 성격이 비뚤어졌다며 지적하는 점이다. 그러나 이것만은 철저히 구분하자. 비교 그 자체는 별로 나쁜 게 아니다. 남을 보고 자신을 보면 자동으로 발생하는 것이 비교다. 그걸 참는 것은 부자연스럽고 또 불가능하다. 문제는 무색무취의 비교에 누구는 잘나고 누구는 못남이라는 '색'을 입힐 때다.

서장에서 우리는 사람의 유형 분류를 살폈고 각 유형에 좋고 나쁜 건 없음을 알았다. 격차가 아니라 오로지 차이만 존재했다. 성공이냐 실패냐라는 비교점도 궁극적으로는 우열이 없다. 모두 저마다의 사회적 입장에서 자신의 역할을 다하고 있다. 모든 사람이 정상급 스타이거나 사장이거나 대학교수인 사회는 사회로서 성립하지 않는다.

덧붙여서, 내가 '대학교수'라고 말한 것은 예전에 "더 출세

해서 교수가 되거라" 하는 어머니 말씀을 귀에 못 박히게 들었기 때문이다. 엄격한 부모를 둔 사람은 비슷한 경험이 있을 것이다. '안정적인 공무원이 돼라' 또는 '대기업 다니는 사람과 결혼해라'라는 말을 자주 들으니 마음 한구석에선 그런 것이 '성공'이라고 믿어버리게 된다. 또한 성인이 된 후 그것이 한 십몇 년 전쯤의 예스러운 가치관이란 사실도 서서히 깨달았을 것이다.

성공의 기준은 시대에 따라 달라질 뿐만 아니라 사람에 따라서도 다르다. '3유형 분류'에서도 그랬다. 유형마다 성공이란 '인격을 높이는 것' '성과를 내는 것' '권위를 높이는 것'이라는 전혀 다른 기준이 존재했다. 이렇게 보면 열등감에 휘둘리는 것은 매우 손해 보는 장사다. 자신과 그저 다를 뿐인 사람을 이쪽의 잣대로 재어 멋대로 격차를 느끼고 부러워하거나 질투한다. 그런 일에 에너지와 시간을 소비하는 것은 이제 그만하자.

내친김에 또 하나, 열등감에서 벗어나는 방법을 전해주고 싶다. 사람은 다면체다. '예쁜 사람' '똑똑한 사람'이라는 일면뿐인 사람은 아무도 없다. 헤아릴 수 없을 정도로 많은 면이 조합되어 그 사람의 인격을 형성한다. 우열을 느끼고 침울해지는 것은 자신이라는 다면체와 상대방이라는 다면체의 '한 면'만 일부러 꺼내서 비교하는 매우 편향적인 행동이다. 그러므로 상대방을 치우쳐 바라보기보단 상대방을 '그저 아는' 편이 훨씬 생산적이다. 그 사람에게는 아직 숨은 면이 수두룩하다. 그것을 찾아서 새로운 일면을 발견해보자. 그리고 나서는 일일이 '판단'하지 말고 즉 자신과의 우열을 생각하지 말고, 있는 그대로 받아들이자.

여러 겹의 다면체에서 한 면만으로
질투를 느낄 필요가 없다.

나쁜 생각을 부풀리는 상상력을 역이용하라

예민한 사람은 상상력이 풍부하다. 그런데 이 훌륭한 자질을 많은 분들이 손해 보는 쪽으로 사용하고 있다. 즉, 부정적인 이미지만 부풀리는 경향이 있다. '내 얘기'라고 생각한 사람은 떠올려보자. 어릴 때의 공상은 전부 부정적인 것뿐이었나? 그렇지는 않았을 것이다. 예전에는 좋은 쪽으로도 나쁜 쪽으로도 이리저리 상상이 퍼졌을 것이다. 그런데 왜 지금은 한쪽으로 치우치는 걸까?

그 이유는 성인이 되는 과정에서 상처 입은 경험이 조금 많았던 탓이라고 생각된다. 다른 사람이라면 '사소한 실패'로 끝날 일을 대참사처럼 받아들이는 경우가 거듭된 결과, 지금까지도 '실패할 것 같다' '못할 것 같다' '비웃음 당할 것 같다' '큰일이 날 것 같다'는 생각으로 흐른다. 그럴 때의 머릿속 상상은 묘하게도 디테일까지 선명한, 나쁜 의미로 '정교하게 세공된' 이미지가 아닌지?

지나치게 나쁜 상상은 그 자체로 스트레스가 된다. 아직 일어나지 않은 일을 일어나지 않을까 생각하는 것만으로 미리 괴로워하는 스트레스를 심리학 용어로 '예기 불안(Anticipatory Anxiety)'이라 부른다. 이를 줄이려면 어떻게 해야 할까? 장기적으로는 '자기 자신에게 기대하지 않기'가 가장 중요하지만 당장 듣는 즉효약도 있으면 좋지 않을까?

그런 의미에서 풍부한 상상력을 역이용하는 방법을 추천한다. 어떤 일에 용기를 내서 행동해야 할 때는 '다른 사람'이 돼라. 좀 더 어릴 적만 해도 공상 속에서 다른 사람이 되어 다른 세계로 날아다녔으니 분명 할 수 있다. 선명한 이미지로서 실존하는 스타, 육상 선수, 영화 속 히어로로 변신하면 더 빠르다. 일전에 나도 이 방법을 통해 번지점프를 뛴 적이 있다. 스터디 모임에서 간 연수가 발단이었다. 어쩌다 거기서 번지점프를 체험하는 처지가 되어 가까스로 뛰어내렸는데, 겁에 질린 나머지 흐느적거리는 모양새의 우스꽝스러운 점프가 되고 말았다. 줄곧 미련이 남아 결국에는 친구들을 모아 개인적으로 다시 도전했다. 그때 머릿속에 그린 것은 〈스콜피온 킹〉이라는 영화에서 주인공 드웨인 존슨이 깎아지른듯 높은 곳을 호기롭게 뛰어내리는 장면이었다. '지금 나는 드웨인 존슨이다!'라고 생각하며 뛰었더니 아쉬움은 털끝만큼도 없이 멋드러진 점프를 완수할 수 있었다.

어린애 같은 유치한 속임수 같겠지만 용기를 내야 할 때 동경하는 인물의 멋지다고 생각한 모습을 떠올리며 그대로 따라 하는 것은 매우 효과적이다. 실존하는 인물 중에 감이 잡히지 않는다면 자신만의 가상의 캐릭터를 만들어보자. 이 방법은 내가 지어낸 것이 아니라 '돈벌이의 천재' '하늘이 내린 백만장자' 소리를 듣는 경영 컨설턴트 간다 마사노리 씨가 저서에 소개한 것이다.

인턴 시절 그 책을 읽고 나서 가상의 캐릭터로 종종 변신한 기억이 난다. 당시를 돌이키면 나는 '환자가 나으면 좋겠다'는 바람이 남보다 배로 강한 의사였다. '낫는다'는 건 단순히 원래 대로 돌아간다는 뜻이 아니다. 회복해도 금세 또 컨디션이 나빠져 입퇴원을 반복하는 분이 적지 않다. 정신과에서는 특히나 흔한 경우다. 이래서는 안 된다고 느꼈다. 입원 전보다도 좋은 상태가 되었으면 좋겠다, 스트레스에 대한 근본적인 내성을 더 높이고 싶다. 그러므로 나는 원래대로 '되돌리는' 것이 아니라 새로 '창조하는' 의료를 한다. 즉 내 의료는 예술이다. 나는 '슈퍼 아티스트 닥터'다!

이렇게 글로 써보니 몹시 낯간지럽다. 당시 이런 말은 입밖에 꺼내지 않았기 때문에 슈퍼 아티스트 닥터는 내 안의 비밀 존재였다. 하지만 동시에 최고의 영웅이자 멘토였다. 환자의 상태가 나쁠 때나 알맞은 치료법을 찾을 수 없을 때 시도해본 방법이다. 실패할 때, 완전히 지쳐서 바닥났을 때, 포기하려 했을 때, 늘 생각했다.

'슈퍼 아티스트 닥터라면 여기에서 어떻게 말할까?'

'슈퍼 아티스트 닥터는 여기에서 타협할까?'

'슈퍼 아티스트 닥터가 여기에서 포기할까?'

그 결과 수많은 난국을 이로써 극복했다. 부디 여러분도 마음속에 '또 다른 나'를 가졌으면 한다. 비밀이므로 아무도 그 존재는 모른다. 얼마나 말도 안 되는 허세를 부리든 '정신이 나갔다'며 누구도 비난하지 않는다. 월등하고 특출난 꿈을 마음속에 몰래 살게 하라. 그리고 용기가 필요한 순간이 오면 그 모습으로 변신하라. 당신이 가장 잘하는 상상력으로 자기 자신을 도와 커다란 날갯짓으로 날아올라라.

내 안의 비밀 존재는 한계를 모른다.

싫은 일을 질질 끄는 경향

부정적인 상상력만큼이나 성가신 것이 '부정적인 기억력'이다. 문득 떠오른 부정적인 기억은 부정적인 상상과 마찬가지로 굉장히 생생해서 세밀한 구석구석에까지 엉겨 있다. '엉긴다'고 표현한 것은 본인의 기억 속에서 비참함이 더 세게 들러붙었기 때문이다. 당신의 머릿속에도 상처받은 경험의 기억이 곳곳에 흩어져 있고 그중 한 장면이 어느 순간 되살아나 제 머리를 치고 싶어질 때도 있을 것이다.

예민한 사람들의 이런 '지나치게 좋은 기억력'의 원인은 대체 무엇일까. 자폐 경향이 있는 사람 중에는 극단적으로 정확하고 치밀한 기억력을 가진 이가 있다. 미국의 동물학자이며 콜로라도 주립대학교 교수인 템플 그랜딘(Temple Grandin)은 세계 최초로 자폐 스펙트럼 장애를 앓는 당사자로서 자서전을 쓴 인물이다. 그 책에서 이야기하고 있는 바는 기억의 '섞이지 않는' 특성이다. 그녀는 동물학자이지만 '개'라는 개념을 오랫동안 이해하지 못했다. 그런데도 지금까지 봐온 몇천 마리의 '개라는 이름이 붙은 동물'을 일일이 정확하게 기억한다. 즉 그녀는 각각의 개는 완벽하게 기억하는데, 그들의 공통점을 추출해 '네 발이 달린 코가 젖어 있고 멍멍 짖는 동물'이라는 하나의 개념으로 묶을 수 없었던 것이다. 그녀 입장에서 개 몇천 마리는 별개의 존재로 분리되어 절대 서로 섞이지 않는다.

나는 민감도가 높은 분들과 상담하며 그들의 기억이 사라지지 않고 여전히 선명하단 것을 느낄 때마다 이 특성을 연상한다. 템플 그랜딘과 같은 특이한 사람은 아니라고 해도 예민한 사람이 품은 기억도 일일이 또렷한 개별성을 지녀서, '대체로 이런 경험이었습니다'라는 식으로 정리하기는 어렵겠단 생각이 든다. 그러나 어려워도 불가능은 아니다. 우리가 쓸 도구는 바로 '이름 짓기'이다. 갑자기 기분 나쁜 기억이 되살아나면 그 기억에 적당한 이름을 붙여보자. 이때 부정적인 의미를 품지 않은 말을 쓰는 것이 핵심이다. 내용과 동떨어진, 아무 의미 없는 의성어도 무방하며 신조어를 만드는 것도 당연히 괜찮다. 〈삐용삐용〉이든 〈하늘하늘〉이든 상관없다. 신기하게도 한 이름으로 묶이면 개별적이었던 기억들이 '이런 것'으로 통합된다. 머릿속에 같은 이미지가 끝없이 반복되는 상태도 서서히 억제할 수 있다. 이를 '마음의 정리가 되었다'고 말한다.

조금 벗어난 이야기지만 새로 만든 조어는 다른 상황에서도 유용하다. 이유를 알 수 없는 감정이 찜찜하게 솟아났을 때도 그렇다. 예민한 사람은 자극에 쉽게 반응하는 데다 감정의 변화도 풍부해서 그 감정에 해당하는 말이 없을 수 있다. 그래서 이유를 알지 못한 채 그 감정에 휩쓸린다. 그러므로 '아, 또 이런 기분이야'라고 느껴지면 거기에 자신만의 이름을 붙여라. 일단 이름이 붙으면 머릿속에 '보관 장소'가 생겨서 마음이 안정된다. '아, 또 삐로삐로했네'처럼 완전 엉터리로 지어도 괜찮다.

이야기를 되돌려서 또 하나 부정적인 기억의 대처법을 소개하겠다. 예민한 사람의 부정적인 기억은 생생하다고 했지만 사실 누구든 부정적인 기억은 '마치 눈앞에서 일어나는 것 같은' 특징을 갖고 있다. 반대로, 좋은 추억은 저 멀리서 어렴풋이 떠오르는 듯한 느낌으로 생각나는 경우가 많다. 나쁜 기억은 멀리서 어렴풋이 떠오르는 정도가 아니라, 가능하면 안 보이게 까마득한 저편으로 사라져버리는 편이 좋다. 여기서 우리가 쓸 도구는 '원거리 촬영(롱숏)'이다. 영화나 드라마를 보면 클로즈업으로 인물을 찍던 카메라가 점점 물러나며 사람이 콩알만해지는 장면이 있잖은가. 높은 곳에서 부감으로 찍은 거리가 작디작아지는 모습도 본 적이 있을 것이다.

눈앞에 닥친 부정적인 기억에 이와 똑같이 행동하라. 기억이 재생되는 텔레비전 화면이나 영화 스크린을 상상하고 그 화면이 어디까지고 작아지는 이미지를 떠올려라. 화면은 점점 작아져서 길거리는 지도처럼 바뀌며 세부 모습 같은 건 눈에도 보이지 않게 될 것이다. 이로써 나쁜 기억을 티끌만 하게 작게 만들어버리자. 몇 개든 상관없다. 하나하나 작게 만들고 나면, 들썩이던 기억들도 하나씩 하나씩 진정될 것이다. 그러는 동안 기억이 되살아나는 버릇은 아득히 멀리서 촬영하는(바라보는) 버릇으로 바뀐다. 정말이니 계속해보자.

싫고 아픈 기억은 당신에게서 분명 멀어질 수 있다.

다른 사람의 짜증을 낚아챈다?!

자극에 빠르게 반응하는 사람은 타인의 감정에도 민감하다. 옆에 짜증을 내는 사람이 있으면 그 짜증이 전해져서 같이 초조해진다. 그러나 짜증 내는 사람은 이쪽의 사정은 고려해주지 않는다. 책상 위에 서류를 휙 던지거나 문을 쾅 닫거나 혀를 차거나 크게 한숨을 푹 쉬기도 한다. 별거 아닐지 모르지만 다리 떨기도 좀처럼 참기 어려운 구석이 있다. 단발성으로 자극을 주는 것과는 반대로 달달달달 몇 분이나 지속되기 때문이다. 다리를 격하게 떨 경우 진동이 이쪽까지 전해져 정말로 민폐가 따로 없다. 이 같은 '다른 사람의 짜증 나는 행동'에 어떻게 대처해야 할까?

가장 좋은 방법은 물론 그 자리를 뜨는 것이겠다. 상대방을 시야에서 치우면 불안감과 공포감도 이내 가라앉는다. 회의처럼 중간에 자리를 뜨기 힘든 상황이라도 방법은 있다. 나의 경우 인턴 시절에 원내 무선 호출기를 곧잘 활용했다. 가까이 앉은 사람이 다리를 너무 심하게 떨어서 더는 힘들다고 느꼈을 때 무선 호출기를 일단 끄고 다시 한 번 전원을 켰다. 그렇게 하면 호출이 있을 때처럼 '삐삐' 소리가 울리니까 날이다. 이 방법으로 정말 급한 용무가 생긴 듯한 얼굴로 달아날 수 있었다. 스마트폰 소지가 허락되는 상황이라면 진동을 울리게 해서 그 자리를 잘 피해보자.

만약 도저히 피할 수 없는 상황이라면 '메타 인지'로 극복한다. 짜증 내는 사람과 그걸 보는 자신의 상태를 객관적으로 다시 인식하는 것이다. '무서워' '아 싫다'는 생각의 바깥으로 한발 나와서 냉정하게 분석한다. 예를 들면 '이 사람은 스트레스가 쌓였군'이라는 분석이 가능하다. 실제로 다리를 떠는 행위는 무의식적인 스트레스 대처다. 그 사람은 자신이 느끼는 스트레스를 달래기 위해 다리를 떠는 동작으로 몸에 별도의 자극을 주려고 하는 것이다.

자, 그러면 이제 짜증에 이유가 붙었다. 짜증을 내는 원인은 스트레스가 쌓였기 때문이라고 이유를 밝히면 신기하게도 마음이 진정된다. 마음이 진정되면 그다음은 제삼자의 입장에서 '방관 모드'가 될 수 있다. '아, 분기 말에 계속 야근이라니 불쌍하네'라며 남의 일이지만 조금 동정할 수 있을 정도의 여유도 생긴다.

메타 인지는 자기 자신에 대해서도 가능하다. 공황 발작을 일으키는 환자에 대한 인지 치료로서 의사는 종종 발작 중인 환자 자신을 관찰하도록 지도한다. 공황 발작은 발생해서 진정되기까지 일련의 흐름이 있다. 환자가 발작을 일으켰을 때는 당연히 괴롭지만 거기에서 한발 밖으로 나와 '지금 그 일련의 흐름 중 어느 단계인가?'라고 객관적으로 보면 실제로 빨리 수습할 수 있다.

이와 마찬가지로 자신의 상태도 관찰하라. '지금 섭난다고 느끼는구나' 식으로 자기 모습을 객관적으로 살펴보라. '지금 상대방을 관찰 중' → '지금 무서움이 조금 줄어들었다' 이런 변화를 느낄 수 있고 옆에서 어떤 감정이 옮든 점점 더 빨리 당신의 스트레스를 누그러뜨릴 수 있게 될 것이다.

'궁극적인 손해'를 지금부터 회피하자

자꾸 소극적이 되고 모르는 장소가 불안하고 복잡한 이야기가 머릿속에 안 들어오고 자신의 가능성을 훼손하게 만드는 범인은 바로 '긴장'이다. 긴장은 인생을 방해한다. 반대로 말하면 인생이 잘 풀리는 비결은 '긴장 풀기(Relax)'다.

사람은 능력을 펼쳐 발휘할 때 긴장을 푼다. 육상선수가 최고기록을 경신하는 경기를 할 때 '존(Zone 영역)에 들어갔다'고 표현하기도 한다. 그때 그 사람의 자율신경은 릴랙스 상태인 '부교감신경 우위'가 되어 있다. 공부든 일이든 긴장을 푸는 것이야말로 실력을 제대로 내는 비결인 것이다.

극도로 얼어붙어서 실력 발휘를 못하는 것이 고민인 분들에게 좋은 방법이 있다. 어디서든 할 수 있고 즉시 효과가 나타나는 '점진적 근이완법'이다. 명칭은 어렵지만 한마디로 먼저 힘을 준 후 힘을 빼기만 하면 된다. 이것만으로 몸의 긴장이 풀리고 마음도 편안해진다.

① 오른손으로 주먹을 쥐고 천천히 힘을 준다.
② 한계까지 근육을 긴장시키다가 단번에 힘을 쑥 뺀다.
③ 왼손으로 같은 동작을 한다. ①~③을 여러 번 반복한다.

1분이 채 안 걸린다. 지금 당장 할 수 있다. 다리와 어깨로 해도 좋다. 사람들 앞에 설 때도 꼭 유용하게 써먹어보라. 이 장에서 소개한 방법을 포함해 긴장을 푸는 법을 알면 과장이 아니라 인생이 달라진다. 제 실력을 발휘할 수 있기 때문만은 아니다. 늘 긴장해서 마음을 놓지 못하는 사람의 '궁극적인 손해'는 무엇일까? 바로 '노후'다.

당신은 고령자가 되었을 때의 자신을 상상한 적이 있는가? 현시점에서 독자 여러분 대다수는 '온화한 사람'이다. 주변 사람이나 사정에 세심하게 마음을 쓰는 상냥한 사람이다. 함부로 소란을 피우거나 큰소리를 치거나 싸우는 일을 거북해한다. 하지만 앞으로도 계속 그럴지는 모르는 일이다.

자극을 쉽게 느끼는 마음을 지녔는데 온화하기까지 하다는 것은 '입 다물고 참는 경우가 많다', 즉 긴장이 있을 가능성을 의미한다. 긴장을 그때그때 해소하거나 애초부터 긴장하지 않는 정신력을 키우는 대처 없이 이 상태 그대로 세월을 보내면 어떻게 될까. 나이가 들며 자제심이 말을 듣지 않게 됐을 때, 쉽게 상처받는 당신의 내면은 어떻게 표출될 거라 생각하는가?

어느 순간 완고하고 깐깐하며 제멋대로이고 툭하면 발끈하는 성격으로 불거지지 않는다고 장담할 수 없다. 이 세상에는 그런 고령자 분들이 수두룩하다. 감정의 기복이 심하고, 말하지 않아도 내 마음을 헤아리라고 주위 사람에게 요구한다. 그런데도 신경 써주면 '마치 더러운 것을 만지는 듯한 취급을 받았다'고 도리어 상처받아 사람을 멀리하며 점점 고독해져 간다……. 그런 여생은 조금 쓸쓸하지 않겠나.

타고난 다정함을 자신에게도 기울여보라. 자기 자신에 대한 엄격함은 정도껏 하고, 경직된 마음을 느슨하게 푸는 기술을 터득하자. 살아갈 날들을 위해 바로 오늘부터 시작하라.

나이가 얼만큼 들어도 당신이 바라는 당신일 수 있기를.

칼럼

(예민한 사람이 반려동물을 키운다면)

동물을 좋아하는 사람들은 반려동물에게 위로받는 생활을 동경하곤 한다. 장래에 반려동물을 키우고 싶은 독자라면 어떤 동물을 생각하고 있는지?

예민한 분들에게 추천하는 반려동물의 키워드는 '자기 페이스대로'이다. 그 동물이 본인(?)만의 세계를 갖고 있고 그곳에서 느긋하게 보내야 주인이 편하다. 일일이 신경 쓰지 않아도 되기 때문이다. 그런 점에서 강아지는 자기 페이스대로 움직이는 동물이 아니다. 주인의 모습을 살피며 눈치를 보거나 반대로 어리광부리는 행동을 하는 등 어딘지 인간관계와 닮은 부분이 나타나곤 한다. 개를 좋아하는 사람을 제외하고 초심자는 의외로 키우기 어려우니 주의하길 바란다.

고양이는 예민한 사람과 상성이 잘 맞다. 신경 써주기를 바랄 때만 발을 툭 내미는 정도이므로 집사도 자기 페이스대로 지낼 수 있다.

호불호는 있겠지만 거북이, 도마뱀, 이구아나 등 의외로 파충류도 추천한다. 필자도 이구아나를 키우고 있는데 그들은 무심하게 자기 세계를 살아간다. 그 모습을 보고 있으면 나까지도 마음이 편안해진다. 키우는 데 조금 수고는 들지만 생김새에 거부감이 없는 사람이라면 후보로 생각해봐도 좋지 않을까?

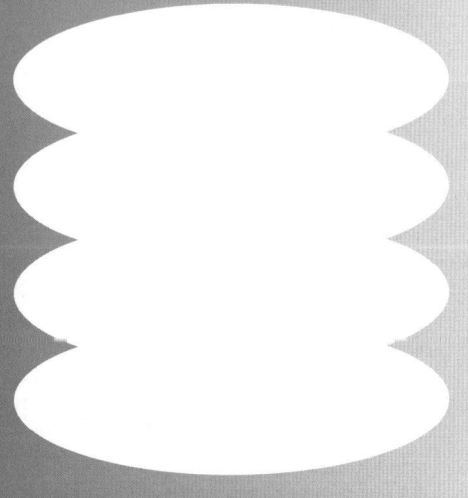

2장

'인간관계의 고민'을

싹둑!

모든 사람이 인간관계로 고민한다. 예민한 사람은 특히 더 그렇다. 왜냐하면 민감함으로 인해 타인의 기분을 살피기 때문에. 누군가의 표정이나 사소한 한마디에서 많은 것을 간파해 휘둘리기 때문에. 착해서 남에게 상처 주지 않도록 배려하기 때문에. 일반적으로는 이렇게 생각할 것이다.

물론 그것이 잘못됐다고 할 수는 없다. 예민한 사람들이 다른 사람의 마음 변화를 민감하게 깨달아서 반응하는 것은 사실이기 때문이다. 그럼 왜 반응하는 걸까? 남에게 휘둘리거나 지나치게 배려하는 이유는 무엇일까?

착해서? 공감능력이 좋아서? 평소에 무의식적으로 하는 일이지만 잘 생각해보면 다른 사람의 기분을 지나치게 생각하는 것은 100퍼센트 '다정해서'만은 아닐 것이다. 사실 그 마음의 몇 퍼센트에는 '미움받고 싶지 않다' '좀 더 호감을 얻고 싶다' '트러블이 귀찮다'라는 생각, 즉 상대방을 위해서가 아닌 자신을 위한 마음이 있을 것이다. 다시 말해 인간관계의 고민이라는 것은 '이타심 100퍼센트'로는 일어날 수 없는 일이다.

그러나 결코 추하지 않다. 미움받고 싶지 않다, 사랑받고 싶다, 존중받고 싶다는 생각은 인간으로서 매우 자연스러운 감정이기 때문이다. 그런 '인간적인 마음'을 인정하는 것이 우선되어야 할 첫걸음이다.

이 장에서는 어쩌면 여러분의 '인정하고 싶지 않은 속마음'에 다가간 조언도 살짝 나올 수 있다. 하지만 이는 감정을 적정 거리에서 다루기 위한 중요한 과정이다. 남들에게 휘둘리지 않고 다른 사람을 생각하면서 자기 자신도 아끼며 살아가기 위한 가장 적합한 균형을 꼭 찾길 바란다.

미움받는 것이 싫다

첫 주제는 '남에게 미움받고 싶지 않다'이다. 그야말로 '진짜 속마음'에 관한 이야기인데, 우선 그 속마음을 코팅하고 있는 '겉치레'부터 살펴보자.

당신은 선물을 사면서 골치 아팠던 적이 있는가? 연하장, 문안 인사, 답례품, 생일선물 등등. '받기만 하고 나는 뭘 못 줬네. 어쩌지?' '선물을 보냈는데 고맙다는 인사도 없네. 왜 그러지?' 이런 식으로 주의가 곤두섰던 경험 말이다. 더 일상적인 예를 들면, 모바일 메신저의 답도 마찬가지다. '읽음 처리를 봤을 테니 빨리 답을 보내야 돼' '확인을 너무 안 해서 짜증 났으려나?' 같은 걱정은 양반이다. '이렇게 빨리 답하면 너도 그렇게 하라고 눈치 주는 것 같을까?'라며 한술 더 떠서 걱정하는 사람도 있다. 답을 보내면 보낸 대로 '또 답장이 오면 곧바로 답해야겠다'고 생각하거나 '지금 한 말은 부담스러웠을까? 좀 더 가벼운 느낌으로 말하는 게 나았으려나?' '방금 리액션은 너무 영혼이 없었나?' 등 메시지를 보낸 후에 내용을 후회하는 경우도 있다.

그런데 이렇게 마음 쓰는 데에는 상대방뿐만 아니라 사실은 자기를 생각하는 면이 있다는 점을 혹시 눈치챘는지 모르겠다. 연하장을 보내지 않으면 안 좋게 보일 수 있다. 메신저의 답장이 늦으면 나한테 화가 날 것이고 그렇다고 너무 빠르면 부담스러운 사람이라고 여길 수 있다. 답장 내용이 상대방의 뜻을 거스르면 눈치 없는 사람이라고 여길 수 있다…….

배려의 이면에는 종종 '미움받고 싶지 않다'는 진짜 속마음이 숨어 있다. 기분 나쁘게 느낄 수 있겠지만 조금 더 읽어달라.

이 지적은 최종적으로 여러분이 편해지기 위한 것이니!

　　남에게 미움받거나 무시받거나 깔보인다는 건 싫은 일이다. 가능한 한 어느 누구에게도 그런 대접을 받고 싶지 않다. 어느 누구에게도, 즉 '모든 사람'에게 호감을 얻는 것을 이상으로 여긴다는 뜻이다. 하지만 그건 유감스럽게도 불가능하다.

　　동서고금을 막론하고 어떤 인격자든, 천재든, 미남미녀든 '모든 사람'에게 사랑받은 사람은 존재하지 않았다. 본래 인간은 다른 사람의 단점만을 싫어하는 것에 그치지 않는다. 장점에 대해서도 어느 누군가는 반드시 싫은 말을 한다. 청렴하고 고결하면 '너무 엄격하다', 성실하고 친절하면 '착한 척한다', 옷차림이 단정하면 '빈틈이 너무 없다', 잘생기면 '나르시시스트', 미인이면 '차가워 보인다', 매력적이면 '성격이 못됐다'고 한다. 또한 하나도 나무랄 데가 없는 완벽한 사람(이 존재할지 모르겠지만)에 대해서는 '너무 모범적이라 재미없다'며 어딘가의 누군가는 반드시 말한다. '그럼 어떻게 해야 해?'란 생각이 들겠지만 어떻게도 할 수 없다. 사실이 그리하니.

　　이렇게 보면 '인간 참 못났네ㅎ'라는 마음도 들 것이다. 그런데 이 'ㅎ'라는 헛웃음이야말로 여러분이 갖춰야 할 감각이다. 미움받고 싶지 않고 사랑받고 싶다는 것은 '기대하는' 상태다. 기대가 어긋나면 낙담하고 상처받는다. 기대와 낙담 사이에서 진자처럼 흔들릴 때 마음은 무겁게 침잠한다. 그와 반대로 '못났네'는 거기서 한발 바깥으로 빠져나간 상태다. '뭘 해도 싫은 소리 할 테니 난 모르겠다ㅎ' '일일이 상대하기 귀찮아ㅎㅎ' 하고 약간 거리를 둔 헛웃음이 나올 때, 기분 좋게 기대의 전원이 꺼진다. 어떤가, 할 수 있을 것 같은가?

인간 일반으로 묶어 생각하면 가능할 수도 있겠지만 실제로 내가 미움받으면 그런 식으로 웃어넘길 수 없다고 느낄지도 모르겠다. 그럼 누구에게 미움받았을 때를 가정하고 있는가? '그 사람이 날 좋아하지 않으면 너무 슬프다'고 생각되는 사람이 확실히 있을 것이다. 하지만 '그 사람이 날 싫어해도 딱히 아무렇지 않다' 싶은 사람도 있지 않은가. 그들을 신경 쓰지 않으면 괴로움은 절반으로 줄고, 때에 따라서는 80퍼센트가량 줄어들 수도 있다.

'모든 사람이 좋아해주기란 불가능하다'라고 했는데 여러분도 주위 사람들을 전부 좋아하기란 불가능하지 않던가. 싫거나 안 맞는 사람이 반드시 존재할 것이다. 그런 이유로 다음 장은 타인에게 느끼는 부정적인 감정에 초점을 맞추어 '진짜 속마음'을 파고들어 보겠다.

남을 싫어하는 것도 어렵다

예민한 사람이 완벽주의로 흐르기 쉽다는 이야기는 하였다. 이상적인 모습과 다른 자신을 지적하는 버릇은 타인에 대한 자신의 감정으로도 드러난다. 남에게 부정적인 감정을 느끼면 마음이 불편해지는 것이다. 여기에 더해 완벽주의로 인한 또 하나의 버릇이 있다. 토털 리젝션(Total Rejection), 번역하면 '전면 거부'다. 아주 작은 계기로 남을 아예 차단하는 버릇을 말한다.

방금 한 말이 내심 기분 나빴거나 행동이 지나쳤다고 느끼면 더는 그 인물을 받아들이지 못하게 된다. 훌륭한 사람이라고 생각했던 상대방에게 조금 싫은 면이 보이면 호감이 싹 사라진다. 이런 식으로 한 번의 일이나 미묘한 일로 지금까지 형성한 관계를 끊고 싶어지거나 끊어버린 경험이 있지 않은가? 완벽주의인 사람은 '이런 사람인 줄 몰랐다' '이제 친구도 아니다'며 함께 가입해 있던 모임까지 아무 말 없이 그만두는 극단적인 행동을 보이기도 한다. 그렇게까지는 하지 않더라도 '더는 안 돼' '정 떨어진다'는 마음이 들기도 한다.

예민한 사람은 완전무결을 바라느라 토털 리젝션에 사로잡히는 경우가 생각보다도 많다. 일종의 '용서를 못하는 성격'인 것이다. 멋진 사람의 내면에도 기분 나쁜 면이 있는 게 당연하고 존경스러운 사람 속에 교활한 면이 있는 것도 당연한데 지나치게 무결하면 그런 점을 용서하지 못한다. 이렇게 해서 완벽주의가 있는 사람이 '남을 싫어하고 싶지 않다'는 마음과 '토털 리젝션'이라는 버릇을 겸하게 되는 것이다.

다른 사람을 싫어하고 싶지 않은데, 봐주는 건 좀처럼 안 되다니. 꽤 성가시지 않은가? 하지만 이런 이중의 마음고생도 얼마든 벗어날 수 있다. 그 답이 '기대하지 않기'라는 것은 이미 예상했으리라 본다. 아주 작은 결점 하나도 용서하지 못할 정도의 상대방을 향한 높은 기대는 탁 전원을 꺼버리자. '나는 남을 싫어하지 않는다'라는 자신에 대한 지나친 기대도 전원을 끈다. 이로써 완벽주의 체질을 개선하면 해결이다. 유일하게 걸리는 점은 '기대하지 않기'를 익히는 데에는 절대적인 시간이 든다는 점이다. 그러니 다른 대처법도 함께 알아두자.

그 방법은 싫어하는 사람을 '적당히 피하는' 것이다. 여기서 적당한 정도는 100도 0도 아닌 그 사이다. 누굴 싫어하는 마음이 불편하기 때문에 100점('그 사람을 정말 좋아한다')을 향하려다 보면 스트레스 받는 시간이 늘어나 에너지가 깎여나간다. '나는 그를 싫어하지 않는다'고 자신을 타이르며 왠지 싫은 상대방과 소통하는 것은 일부러 자신을 소모시키는 것과 같다. 당신의 정신 건강을 위해 거리를 두라. 여기서의 적정 거리는 '의무적 규범 내'이다. 싫은 사람이 상사라면 반드시 업무상의 대화를 나눠야 한다. 그러나 그 상사가 있는 술자리에 참석할 의무는 없다. 안 가도 된다기보다 가면 안 된다. 적정 거리를 유지하는 연습이라 생각하고 참석을 피하라.

반대로 토털 리젝션은 0점('그 사람을 아예 차단한다')을 향하려는 힘이다. 이건 이것대로 인간관계의 폭을 좁히는 데다 매사에 결벽이 생기고 시야가 좁아지며 한쪽으로만 치우칠 우려가 있다. 따라서 여기도 적정 거리가 필요하다. '절연하지 않을 정도의 소원함'이면 딱 알맞다. 당신과 더는 만나지 않겠다고 떠들썩한 선언을 할 필요도 없다. 만나고 이야기하는 횟수를 평범하게 줄여가기만 하면 된다. 이를테면 여럿이 동석하는 자리에서는 만나지만 만약 둘만 남을 것 같으면 집으로 가는 방법을 택한다. 상대방에게서 메시지가 왔을 때도 '전부 무시'하는 것이 아니라 답장까지 시간을 조금 두거나 무난한 답장을 하는 정도가 적절한 재량이다.

상대방이 뭔가 제안했을 때는 구실을 마련해서, 때로는 무난한 거짓말을 해서 거절하라. 매번 구실을 만드는 것이 귀찮다면 '장모님의 통원 치료에 따라가야 한다' 등 계속해서 쓸 수 있는 내용도 좋다. 스트레스 받는 시간을 줄여 서로가 상처받지 않으려는 방편이니 죄책감을 느끼지 않아도 된다. 자기 자신에 대한 결벽과 상대방에 대한 결벽 모두를 연하게 바꿔나가자.

싫은 사람은 아예 차단하는 것이 아니라 평범히 거리를 둔다.

'카산드라 증후군'과 예민한 사람의 다른 점

"제가 카산드라 증후군인 것 같아요."

최근 몇 년 사이 이 상담으로 나의 클리닉을 찾는 사람이 늘어났다. 그중에는 예민도가 높은 분이 꽤 많다. '카산드라 증후군(Cassandra Syndrome)'이란 발달장애가 있는 사람 곁에 있는 이(연인 또는 배우자 등)가 그 사람의 말과 행동에 휘둘려 심신 상태가 나빠지는 증상이다. "증후군"이라고 부르기는 하지만 의학용어는 아니다. 우울 증상, 공황장애, 무기력, 자기긍정감 저하 등 정신상의 증상을 보이는 사람들이 '발달장애인 곁에 있다'는 조건을 충족했을 경우 이 명칭을 사용한다.

예민한 사람은 왜 카산드라 증후군에 걸리기 쉬울까? 한 가지 이유는 동정심을 가진 친절한 성격 때문에 발달장애인에게 다가간 결과 때때로 그의 강한 개성에 끌려다니기 때문이다. 또한 발달장애인 일부가 가진 결벽증 등에 공감해서 마음이 끌렸는데 그 공감이 곧 고통으로 바뀌는 일도 있다.

사실을 말하자면 나는 이 상태를 "카산드라"라고 부르는 것에 찬성하지 않는다. 카산드라는 그리스 신화에 등장하는 인물로, 그녀의 예언은 적중률 100퍼센트인데 누구도 절대 믿어주지 않는다는 운명을 싫어시고 있다. 그녀는 나라의 위기를 파악하고 주위의 잘못된 선택을 필사적으로 막았는데 아무도 믿어주지 않아서 나라가 멸망한다. 그녀 자신도 비극적인 최후를 맞는다. 이 일화에 빗대어, 파트너에게 시달리는데도 주변으로부터 이해받지 못하는 사람들을 카산드라라고 한다. 그런데 원조와 달리 현대의 카산드라들에게는 해결책이 있다. 원조처럼 피할 수 없는 비극적 인생을 살고 있는 것은 아니다.

갈 수 있는 길은 둘 중 하나다. 헤어질 것인가, 잘 지낼 것인가. 잘 지내는 것도 불가능하지 않다. 이 경우 최우선은 발달장애에 관해 깊이 이해하는 것이다. 발달장애에도 다양한 종류가 있다. ADHD(주의력 결핍 과다 행동 장애)와 ASD(자폐 스펙트럼 장애)는 행동이나 소통 양상도 크게 다르다. '카산드라 증후군일 수도 있다'며 병원을 찾는 분들은 대부분이 그러한 지식이 없다. 지식이 없으면 대처법을 모른다. 그저 파트너가 (자신이 생각하기에) '평범하지 않은' 상황을 고민하고 그가 '평범해지기를' 바라는 일을 반복한다. 하지만 이미 설명했듯 그것이야말로 불가능한 일이다. 사람은 다른 사람을 바꾸지 못하기 때문이다.

당신에게 헤어질 생각이 없는 경우 상대방이 바뀌길 기대하기보다 상대방을 아는 것이 생산적인 길이다. 상대방이 무엇을 기뻐하고 싫어하는지를 알고 그것을 실천하면 된다. 발달장애인의 호불호는 명확하다. 유형에 따라 차이는 있어도 저마다 특징적인 가치관이나 행동 패턴을 지녔다. 개성 강한 상대이기는 해도 가치관의 포인트를 적확하게 파악하면 대처가 쉽다고 말할 수 있다. 만약 익숙하지 않은 일이나 순발력이 요구되는 상황을 어려워한다면, 외출할 때는 시각을 포함해 예정을 자세하게 세워 공유한다. 평소와 다를 때 힘들어하거나 변화를 싫어한다면, 세제나 샴푸를 바꾸는 등 사소한 일도 함께 이야기를 나눠서 결정한다. 이런 식의 대책을 세울 수 있다.

상대방의 가치관을 알고 존중하는 것은 상대방의 자기중

요감을 충족시킨다. 그러면 상대방도 나를 향한 호의와 신뢰를 회복한다. 그 결과 상대방의 태도가 달라지고, 그렇게 되면 나 자신도 상대방의 좋은 면을 다시 한 번 깨닫는다. 그렇게 해서 관계를 회복시킨 분들이 정말 많다. 상대방의 잘못을 세면서 자신의 처지를 한탄하는 것보다 훨씬 좋은 방법 아닐까?

물론 상대방이 뭘 좋아하고 싫어하는지 헤아릴 마음도 일어나지 않는(다시 말해 좋아하지 않고 정이 있다고도 할 수 없는) 정도로 지쳐버린 경우에는 거리 두기를 고려해보자.

첫 대면이 아무튼 힘들다

예민한 사람들이 힘들어하는 일 중에 '첫 대면'이 있다. 전반적으로 잘 모르는 것에 불안을 느끼는데 그 잘 모르는 것이 '사람'이면 이제 끝장이라고 하는 사람이 적지 않을 것이다. 일 때문에 처음 만나는 자리라면 그나마 괜찮다는 사람도 있다. 명함을 교환하고 인사를 나누는 등 일단 순서가 있고 일 관계로 만나기 때문에 말할 내용도 정해져 있다. 확실히 난이도는 낮은 편이다. 힘든 것이 있다면 상대의 눈을 보고 말해야 한다는 긴장 정도일까. 그러나 그 사람과 함께 건물을 나왔는데 집에 가는 방향이 같다면? '잡담 = 업무가 아닌 수다'를 떨어야 한다면? 목적 없는 이야기를 즉흥적으로 해야 하는 데다 어떤 화제가 좋을지 모르는 상대방과 말하는 일은 긴장도를 단숨에 확 높인다. 예전에는 나 역시 이런 일이 엄청나게 힘들었다.

사생활에서도, 새로운 동호회에 참석할 때나 보호자 모임에서 처음 만나는 등 '용건'이 달린 첫 대면이라면 긴장도는 비교적 낮다. 그에 반해 친구가 또 다른 친구를 별안간 식사 자리에 데리고 온 경우는 긴장도가 높다. 더블 데이트나 친구 부부를 초대하는 상황도 그렇다. 원래 친구인 사람들끼리는 즐겁겠지만 사사의 파트너는 어떨까. '배우자의 친구'라면 그래도 배우자를 공통 화제로 삼을 수 있는데 '배우자 친구의 배우자'와 이야기해야 한다면, 벌써 머리를 감싸쥐는 독자도 있을 것이다. 여기까지 난이도가 높은 상황을 열거했는데 안심하라. 이럴 때 긴장을 풀고 마음을 터놓는 확실한 방법이 있으니.

첫 번째, "처음 뵙겠습니다"라고 인사할 때 상대를 잠깐 보고 '아, 성격이 세 보인다' '까다로울 것 같다' 식의 일방적 평가를 하지 말라. 평가가 맞았는지 아닌지가 문제가 아니라 그 순간부터 평가에 사로잡혀 경계하게 되는 것이 문제다. 복기해야 할 키워드는 '다면체'다. 모든 사람은 수많은 면을 가진 존재라고 말하였다. 처음 만난 순간에 우연히 한 면만 봤을(본 듯한 기분이 들) 뿐이니 '다른 면도 앞으로 다양하게 보이겠지?' 하고 마음 편히 생각하는 것이 제일이다.

두 번째, '내가 노력해야 한다'는 마음가짐을 버려라. 처음 만나는 건 상대방도 마찬가지이므로 거리를 좁히는 작업은 둘이 함께해야 한다. 상대방이 흥미없는 듯한 태도를 비쳤다고 해도 '이 자리가 즐겁지 않은가 봐!'라며 초조해할 필요는 없다.

세 번째, '혹시 지루한가?'라는 상대방 마음속 읽기를 하지 말라. 예민한 사람은 상대의 미세한 태도나 표정을 보고 그때마다 마음을 졸이기 쉬운데 이 또한 불필요한 배려다. 앞서 말했듯 배려는 상대방을 생각해서라기보다 '자기를 위한 걱정' 요소가 상하나는 점도 말이 나온 김에 복기하면 좋겠다.

'그렇다고 해도 신경이 쓰이는데 어떡해?'라고 생각했다면 다음 방법을 시도할 절호의 기회다. 네 번째, '기대하지 않기'를 실천하라. 내 노력이 보답받지 못했다고 느낀 순간 실망하거나 초조해지는 대신에 '아, 또 기대했네'라고 자기 자신에게 말하라. 상대방이 나를 어떻게 생각할지는 상대방의 영역이므로 바꿀 수 없다. 내가 신경을 쓰든 말든 똑같다고 생각하면 된다. 참고로 말하면, 기대에 사로잡힐 때는 안달난 마음속이 얼굴에 너무 잘 드러난다. 반대로 기대의 스위치를 꺼버리면 여유로운 인상이 되므로 상대도 긴장을 쉽게 풀 수 있다.

여기까지를 바탕으로 다섯 번째, 상대방의 자기중요감을 충족시켜라. 그렇다, 인간관계 최강 기술의 등장이다. 처음 만났을 때야말로 꼭 이 방법을 써보자. '날 재미없다고 생각할지 몰라'같이 자기에 대해서만 의식했던 생각의 방향을 180도 돌려 상대방에게로 향하자. 이때는 '3유형 분류'가 유용하다. 상대방을 관찰하며 어떤 유형인지 떠올려본다. 이는 앞서 언급한 '일방적 평가'처럼 나를 방어하려고 경계하는 자세와는 정반대다. 상대방이 무엇을 기뻐할지 파악하는 전략적 분석에 해당하기 때문이다.

어떤 유형인지 모르겠을 때는 몸에 걸친 것을 단서로 삼으라. 시계, 신발, 옷, 가방, 액세서리 등에서 특징적인 점이 있으면 그걸 언급하는 게 가장 간단한 방법이다. "반지가 멋져요! 보석 이름이 뭔가요?" 등 뭐든지 상관없다. 상대방이 흥미를 지닌 일에 이쪽도 관심을 보이면 상대방은 자기중요감이 충족된다. 반대로 반지를 끼지 않았거나 결혼반지만 꼈다면 액세서리에 딱히 관심이 없다고 볼 수 있다. 이것 역시도 '그럼 꾸밈 분야는 파지 않아도 되는 광맥이군'이라는 판단 재료가 된다.

마지막으로 한 가지. 말하는 양을 '10분의 1'로 억제하라. 나에 대해서 말하는 대신 상대방의 이야기를 들어라. 그리고 부정을 하지 말아야 한다. "근데" "아니, 그건" "나는 아닌데"는 금물. "그렇구나" "재밌네" "그 기분 알아!" "그건 예전부터 그랬어?"라고 긍정적인 관심을 보이며 이야기를 더 재촉하자. 자신에게 관심을 보이고 이야기를 들어주는 좋은 사람이란 생각이 들면 상대방이 마음을 터놓을 확률은 비약적으로 올라간다. 처음에는 이런 노력이 어색해도 괜찮다. 스몰 스텝으로 연습해나가자.

두 사람의 거리는
두 사람이 노력해야 좁혀진다.

아무것도 아닌 일이 너무 신경 쓰인다

사무실에서 야근 중인 어느 밤. 퇴근하는 동료가 "먼저 갈게~"라고 인사하더니 문득 뒤돌아 "열심이네"라고 한마디를 덧붙였다고 하자. 이럴 때 민감한 사람은 종종 상대의 마음속 읽기를 발동시킨다. '혼자 설친다고 비꼬는 건가?' '네가 야근하면 집에 가기 어려운 분위기가 되지 않냐고 비난하는 걸까?' '정시까지 못 끝내다니 무능하다며 무시한 건가?' 그리고 의아한 결론에 이른다. 이 사람은 나를 싫어한다, 라고. 제삼자는 '왜 이야기가 그렇게 돼?' '오히려 위로해준 거 아니야?'라고 하겠지만, 무슨 말을 해도 자신이 결론 지은 생각은 머릿속에서 떠나지 않게 된다.

동료의 진짜 의도는 본인에게 물어보지 않는 한 알 수 없다. 정말로 빈정거렸을지도 모르고 사실은 위로의 말이었을 수도 있다. 하지만 문제되는 것은 그 진위여부가 아니다. 타인의 의도를 추측하고 신경 쓰는 버릇이야말로 큰 문제다. 다른 사람의 마음같이 결코 알 수 없는 것에 대해 고민하고 괴로워하는 버릇은 이제 벗어나고 싶지 않은가?

매우 예민한 사람들은 '눈치 빠름' 때문에 애먹는다고 흔히들 이야기한다. 행간의 뜻을 단번에 간파하거나 미묘하게 섞인 비아냥을 눈치채기도 하고 사람들이 대부분 못 보고 놓치는 상대방의 악의가 눈에 띄어 신경 쓰인다. 이게 다 헤아릴 줄 아는 능력 때문이며 본인이 괴롭긴 해도 뛰어난 사람이라는 증거다……. 이렇게 보는 설이 항간의 HSP론으로 종종 언급된다. 이 견해를 당신은 어떻게 생각하는가?

나는 그대로 받아들여서는 안 된다고 생각한다. 굳이 냉정하게 표현하면, 이것은 괴로움을 무마하는 속임수다. 속임수라고 할 것도 없이 그냥 문제 해결을 뒤로 미루는 일에 불과하다. 예민한 사람들이 느끼는 괴로움과 초조한 기분. 그것을 '당신은 예민하니까'라며 위로하기만 하면 그만인 걸까. 비극이지만 아름다웠어 식의 이야기로 끝내도 좋은 걸까. 그런 인식이 정말로 그 사람에게 도움 된다고 내게는 생각되지 않는다. 힘듦은 줄일 수 있으면 줄여야 한다.

예민한 사람의 눈치 빠름에는 두 가지의 편향이 있다. 하나는 부정적으로 치우친다는 점이다. '이 사람은 나를 매우 좋아해!' '나를 대단히 존경해주는구나!'라는 추측은 좀처럼 안 들 것이다. 눈치가 빠르다고는 하지만, 긍정적인 방향으로는 오히려 둔감하다고 볼 수 있다. 또 다른 편향은 다른 사람을 오해하는 점이다. 사람들은 대부분 그다지 깊이 생각해서 말하지 않는다. 머릿속에 떠오른 생각을 입 밖에 낼 뿐이다. "와, 날씨가 따뜻해졌네요" 등 말하지 않아도 다 아는 말. '이야, 참 ··했었이' 등 이제는 의미 없는 말. 대부분의 대화가 그렇다. 상대의 마음 읽기가 시간 낭비인 이유다.

'그런데 분명히 빈정대는 사람도 있잖아요?' '확실히 심술을 부리는 사람도 있어요!'라는 반론도 있을 것이다. 확실히 그렇긴 하다. 정말로 악의를 드러내는 사람도 일정 수는 존재한다. 만약 그런 사람에게 피해를 당했을 때의 대처법은 단순하다. '신경 쓴다'라는 자신을 향한 관심을 반전시켜라. 다시 말해, 상대방에 대해 생각하는 것이다. 상대방의 심정을 이래저래 짐작하라는 것이 아니다. 그렇게 하지 않아도 결론은 명백하다. '이 사람은 상대방의 자기중요감을 충족시키지 못하는 사람이다.'

이는 분명한 사실이잖은가. 심술을 부리며 당신의 자기중요감을 깎아내리고 있으니 말이다. 그렇게 생각하면 이 사람은 최고의 반면교사다. '이 사람 같은 행동은 하지 말자' '나는 상대방의 자기중요감을 충족시키는 요령 있는 사람이 되자'고 생각하면 된다. 참고로 덧붙이자면 이 요령은 대부분의 사람들이 습득하지 못한 상황이다. 조금 노력해서 한 발 먼저 익힌다면 남보다 머리 하나는 더 앞설 수 있다는 뜻이다. 타인의 마음을 헤아리는 능력보다 훨씬 귀중하며 행복으로 연결될 수 있는 능력, 즉 다른 사람에게 신뢰받고 존중받는 힘을 갖추게 되는 것이다.

타인의 의도, 마음같이
어차피 알 수 없는 것에 대해
추측하지 말자.

한마디하고 싶지만 할 수 없다

화를 돋우는 사람에게 한마디 하고 싶다. 하지만 할 수 없다. 이런 상황으로 다시 야근을 예로 들어보자. 매일 밤 야근을 나에게 떠넘기다시피하고 태연한 얼굴로 집에 가는 동료가 있다. 예민하지 않은 사람이라면 그에게 거침없이 "에이, 너무하신 거 아니에요?"라고 할 수도 있다. 그러나 예민한 사람은 상대가 불편하게 느낄까, 나에게 토라지지 않을까 애를 끓는다. 겨우 용기를 쥐어짜서 말해도 마음은 편안해지지 않는다. 혹시라도 상대방이 상처받거나 화난 것 같으면 '아, 그냥 말하지 말걸' 하는 죄책감이 밀려와 마음이 동요한다.

방법이 없을까? 그렇지 않다. 우선 기본적으로 '기대하지 않는' 자세부터 취한다. 현시점에서 나는 상대방에게 '뻔뻔스럽다'는 불만을 느끼고 있다. 그 이유는 '사람이 뻔뻔해서는 안 된다' '야근을 타인에게 강요하지 않는 게 상식이다'라는 기대를 품기 때문이다. 그 기대를 버려라. '상대방이 이렇게 달라지면 좋겠다'는 생각을 꺼버리고 나서, 해결책을 생각하자. 내가 바라는 상태는 무엇일지에 집중하는 것이다. 앞선 상황에서의 바람은 '야근 없이 집에 가는 것'일 테니 그렇게 하면 된다. "집에 가봐야 해서 대신 야근할 수가 없네요"라고 말하고 서둘러 집에 돌아가자. 전혀 상대방을 비난하지 않고도 바라던 상태에 이를 수 있다.

'그게 안 되니까 문제지……'라고 생각했다면, 이유는 무엇인가? 상대방이 고압적이라서? 제멋대로인 사람이라서? 나한테 의지하고 있어서? 자신에게 정말로 중요한 사람이 아니라면 그 사람이 이렇게 생각하든 상관없다는 조언도 가능하지만, 또 다른 측면으로는 상대방이 그런 태도인 이유는 평소에 내가 그 사람의 자기중요감을 충족시키지 않았기 때문이라고 볼 수도 있다. 사람은 자신의 자기중요감을 충족시켜주는 사람에게 신뢰와 호의를 느낀다. 호의를 느끼면 그 사람이 하는 말을 듣고 싶어진다. 당신도 그렇지 않은가? 좋아하는 사람에게 부탁받은 일은 얼른 해주고 싶고 곤란한 상황이면 뭐라도 도와주고 싶어진다. 그렇다면 상대방이 당신을 좋아하게 만들면 그만이다.

먼저 '3유형'을 비롯해 서장에서 소개한 유형 분류를 토대로 상대방의 타고난 성질과 좋아할 만한 소통법이 무엇인지 체크해보자. 앞장에서도 말했듯 상대방의 자기중요감을 충족시킬 수 있는 사람은 매우 희귀하다. 대부분은 불만을 느끼는 상대방에게 그대로 불만을 표출하고 점점 관계를 악화시킨다. 글의 첫머리에서 예민하지 않은 사람이라면 "너무하신 거 아니에요?"라고 할 수도 있다고 말했으나 이를 흉내 내서는 안 된다. 한마디 하고 싶은 상대방에게는 정색한 얼굴로 쓴소리를 하는 대신 '호감 가는 커뮤니케이션'을 하는 것이 정답이다.

이때 '상대방의 자기중요감을 충족시키기'를 '호감을 사려고 아첨하기'와 혼동하지 않도록 주의하라. 결과는 어디까지나 뒤따라오는 것이다. 먼저 상대방 자신이 '존중받고 있다'고 느끼는 행동을 하는 데만 전념하라. 상대방을 분석하면 그 방법은 알 수 있다. 유형별 분류를 근거로 자신의 행동을 적용하면 될 뿐이라서 익숙해지면 쉽다. 무턱대고 상대방에게 아첨하고 에너지를 소모하는 것과는 정반대로 스트레스가 전혀 없는 일이다.

상대가 퍼스낼리티를 더 중시한다면 "○○ 씨가 건네준 인사가 분위기를 늘 따뜻하게 만들어준다" 식으로 인품을 주목해주고, 퍼포먼스를 더 중시한다면 "이 일을 맡아보니 시간이 많이 걸리던데 ○○ 씨는 어떻게 그리 빨리 해내신 거예요?"처럼 능력을 인정해주고, 브랜드를 더 중시한다면 "○○ 씨가 만든 거예요? 이런 건 처음 봐요!"같이 특별한 점을 (남들 앞에서) 칭찬해주면 좋다. 상대방이 무엇에 어떤 반응을 보이는지 관찰하는 것을 예민한 사람은 분명 잘한다. 조금씩 실전에서 연습하며 감각을 터득하자.

언제나 기본은 나도 모르게 한 기대를
깨닫고 버리는 것이다.

나쁜 사람인데 나도 모르게 동정한다?

예민한 사람들은 특히 위험한 상대에게 '빠져들' 가능성이 있다. 위험한 상대란 이용하거나 속일 생각으로 접근하는 인물들을 말한다. 그 사람은 당신의 친절함을 예상하고 자기 불행을 전면에 드러내며 다가온다. 화내지 못하는 성격을 알고 생트집을 잡는다. 정말로 질 나쁜 경우는 가정 폭력을 저지르거나 어느 사이에 범죄에 가담시키기도 한다. 이 정도까지 심해지는 것은 대체로 연인, 부부 등 아주 가까운 관계에서다. 파트너를 동정심으로 선택하는 것만은 제발 피했으면 하는 이유다.

친구나 지인 중에도 이용하려고 드는 사람은 도처에 있다. 예컨대 이웃집 엄마가 자기 아이를 매일같이 우리 집에 보내는 경우다. 아이가 늦게까지 눌러앉아 노니까 저녁밥까지 먹여 보내게 된다. 아이들끼리 사이가 좋아 거절하기 어렵다고 생각할 것까지 예상해서, 방과후학교의 대용으로 우리 집을 이용하는 것이다. 업무와 관련해서 이용하기도 한다. "이거 잘하지? 해줘!"라며 대량의 서류를 억지로 떠맡기고 보상은 없거나 있어도 새 발의 피다. 모두 친절함을 이용한 착취다.

한편 이용당하는 쪽의 속마음은 정말로 '친절함과 동정심' 뿐일까? 아마 그렇지 않을 것이다. 이용당하는 사람들의 이야기를 들어주다 보면 '의존'에 가까운 사례도 숱하게 볼 수 있다. 주변 사람들이 "그냥 대충 해"라고 해도 손을 놓지 못한다. 심할 때는 오히려 충고해준 사람을 멀리한다. 그렇게까지 희생하면서도 자신을 이용하는 상대방에게서 버림받고 싶지 않다. 이러한 늪에 빠진 사람들은 종종 자신도 잘 모르겠는 심정을 토로한다.

"제가 그 사람을 도와주는 입장인데도, 왜 그 사람에게 버림받고 싶지 않다고 생각할까요?" 거기에는 이용하는 사람의 (나쁜 의미로) 뛰어난 기술이 숨어 있다. 그들은 이용당하는 사람의 자기중요감을 충족시키고 있는 것이다.

'상대방의 자기중요감을 충족시키기'를 나쁜 인간들은 악용한다. 유형 분류나 이론을 알지 못할 순 있어도 '날 중요하게 여겨주는구나'라고 상대방이 느끼는 지점을 파악만 하면 일사천리라는 중요한 사실을 그들은 이해한다. 사람마다 그 지점이 다른 것도 알고 있으며 '이 사람은 이용할 수 있다'고 분별하는 눈도 가지고 있다. 그들이 '이용할 수 있다'고 생각하는 상대는 이 책에서 소개한 '퍼스낼리티 중시 유형'의 사람들일 확률이 크다. 퍼포먼스 중시 유형은 손익 계산이 확실하기 때문에 잘 속지 않고, 브랜드 중시 유형은 치켜세워주면 한순간 우쭐하더라도 자기 페이스가 방해받는다고 느끼면 그 즉시 떠나갈 것이다. 그러나 퍼스낼리티 중시 유형은 '너밖에 없다' '당신이 필요하다'는 말을 들으면 자기중요감이 강렬하게 자극받아 벗어나질 못한다. 지금 이 시점에서, 나쁜 사람에게 이용당하고 있는 분은 한시라도 빨리 세뇌를 풀어야 한다. 상대가 또 홀리는 말을 하는 순간 '그 수법이다!'라고 알아차려서 즉시 도망쳐라.

이용당하고 있음을 깨달았다면, 도망치는 동시에 '학습'하는 것이 중요하다. 똑같은 기술을 습득해도 여러분은 상대의 결핍을 공략해 그를 착취하는 비열한 인간은 아닐 것이다. 다른 사람과 이어지기 위해서, 좋은 관계를 구축하기 위해서 기술을 구

사할 것이다. 그렇게 되는 날, 사람에게 이용당한 쓰라린 경험은 당신의 삶에서 가장 좋은 형태로 쓰임새를 다할 것이다.

예민한 사람이 리더가 됐을 때의 요령

예민한 사람은 대체로 눈에 띄는 것을 좋아하지 않는다. 일에서도 화려한 주목을 받기보다 자신의 가치관에 맞는 일에 몰두하여 완성도 높은 성과물을 만드는 것에서 행복을 찾는 사람이 많다. 그래서인지 '리더 역할'에는 스스로 약하다고 여긴다. 프로젝트를 견인하거나 여러 부서를 관장하는 자리로부터 자기도 모르게 도망치기도 한다. '나는 말을 잘 못하니까' '누구한테 시키거나 뭐라고 하는 걸 못해서 팀원을 제대로 이끌 수 없어' 등 거절 이유가 이것저것 떠오를 수 있다. 그러나 리더라는 자리를 감당해낼 수 없다고 단정하는 것은 너무 성급하다.

확실히 리더에 어울리지 않는 면은 있을 것이다. 인간관계에 능숙하다고는 할 수 없고 남에게 싫은 소리 하길 어려워하는 점도 불리하다. 하지만 1장에서도 봤듯이 기회가 올 때마다 거절해서 경력을 좁히는 선택이 자신에게 도움될 리 없다. 여기서는 '인간관계'만 따로 떼어 이 영역에서 기회를 헛되이 날리지 않는 방법을 살피겠다.

결론부터 말하면, '기대하지 않기'와 '상대방의 자기중요감 충족시키기'를 겸비하면 예민한 사람은 빼어난 리더가 될 수 있다. 기대하지 않는 기술을 갖추면 팀원 간의 충돌이나 개성 강한 부하 직원의 행동 등에 일희일비하지 않고 해결책을 생각하게 된다. 자기중요감을 충족시킬 수 있으면 본래의 세심함에 상대방 맞춤형의 정밀도까지 더해져 존경받게 된다. 대개가 진지하고 성실한 사람들이므로 그 점에서도 부하 직원에게 신뢰받을 것이다.

이러한 기본 중의 기본에 더해 특정 필요에 따라 익혀야 할 지식도 있다. 팀원 중 소수자인 사람이나 발달장애가 있는 사람 그리고 예민한 사람이 있을 가능성은 늘 존재한다. 그런 특성에 관련한 지식을 수시로 얻도록 하자. 같은 예민 기질인 사람이라도 '나와 같겠지'라고 일괄적으로 생각하지 말고 그 사람의 '3유형'이나 잘하는 분야를 포함해서 이해하는 것이 중요하다.

마지막으로, 아마도 가장 큰 걱정거리일 '훈계를 잘 못하는 점' 역시 평소에 상대방의 자기중요감을 충족시키면 문제가 되지 않는다. 추가로 기억해두면 편리한 기술이 있는데 바로 '뒤에서 험담하기'의 반대인 '뒤에서 칭찬하기'다. '그 친구는 늘 새로운 관점을 줘서 고맙다' 식으로 상대방의 좋은 점을 제삼자에게 말하라. 속으로는 '관점은 새롭지만 덜렁거리는 게 골치야……'라고 생각해도 뒷부분은 덮어두자. 평소의 소통에다가 제삼자로부터 '리더가 널 칭찬하더라'는 정보까지 들으면 팀원의 자기중요감은 현저하게 올라간다. 즉, 리더를 좋아하게 된다. 이러한 밑바탕을 디저놓으면 "당신은 가끔씩 덜렁대는 게 옥에 티에요"라고 지적해도 팀원은 상처받거나 토라지지 않고 개선하고자 노력한다.

사실을 근거로 '뒤에서 칭찬하기'를 하는 데엔 장점이 하나 더 있다. 중간에서 말을 전한 제삼자도 당신을 신뢰하게 된다는 것이다. 만약 뒷담화를 한다면 '이 사람 이런 식으로 나에 대해서도 나쁘게 말하고 다니는 건 아닐까?'라는 생각이 들고 마는데 '뒷칭찬'을 하면 정반대다. '다른 사람의 좋은 면을 보는 사람이구나' '조금 특이한 점도 긍정적으로 받아들이는구나' 하고 당신에게 좋은 인상을 품게 된다.

우리 중 누군가는 소수자, 장애인, 예민한 사람이다.

거절과 부탁을 잘 못한다

"갑자기 미안. 이거 부탁해도 될까?"

'잠깐…… 아니, 안 되는데'라고 생각해도 거절하지 못한다.

"까다로운 고객이야. ○○ 씨라면 잘 달랠 수 있지?"

'화나게 한 사람은 당신이잖아'라고 떨떠름해하면서도 받아들인다.

"저번에 만난 친구분 좋은 사람인 것 같더라고요. 소개 좀 해줘요~"

'아, 귀찮은 일이 생기면 어떡하지'라고 망설이지만 응한다.

이와 같은 일들이 자주 있다면 '거절하지 못하는 성격'을 개선해야 한다. 왜 거절하는 것을 못할까? 거절하면 미안하니까, 상대가 무안할 테니까, 라고 생각하기 때문이다. 하지만 거기에는 중요한 시점이 하나 빠져 있다. 부탁받은 일을 맡는다는 것은 그 일을 하는 동안 당신의 시간을 '빼앗긴다'는 뜻이다. 그 시간에 원래 해야 했던 일, 하고 싶었던 일을 못 하게 된다. 그렇게 생각하면 감정만으로 판단해야 하는 문제가 아님이 실감될 것이다. 게다가 애초에 '미안하다'고도 할 수 없다. 상대방은 살짝씩 부담되는 일을 가벼운 기분으로 부탁한다. 그 보상(약간의 돈, 나중에 다른 일 대신 해주기, '다음에 밥 살게!' 등등)에도 당신은 딱히 마음이 없지 않은가? 그렇다면 동정할 이유가 없으며 상대방은 받아주면 좋고 아니어도 그만인 마음으로 또 다른 누군가에게 부탁을 할 것이다. 다시 말해, 거절은 어렵지 않다.

한편으로 '부탁하기'를 어려워하는 사람도 있다. 왜 부탁하지 못할까? 조심스럽기 때문일까? 그럴 수도 있겠지만 부탁하기 어려운 심리는 조금 더 복잡하다. 사실 내 일을 대신 부탁한다는 행위에는 에너지가 많이 든다. '우선 이렇게 하고, 다음엔 이렇게 해서……' 등 순서를 설명해야 하기 때문이다. 즉 1장에서 언급한 '과제 분석'(95쪽)이 적절히 되어 있어야 한다. 그리고 상대방이 이해하는 말로 내용을 풀어줄 수 있어야 한다. 그러다가 '귀찮아, 그냥 내가 하고 말지'가 되는 것이다.

이는 거꾸로 말하면 1장에서 소개한 노하우를 익힐 경우 과제 분석이 빨라 타인에게 부탁하는 힘도 향상된다는 뜻이다. 과제 분석력이 올라가면 '다 부탁할까, 일부만 맡길까'와 같은 중간 지점을 찾는 것도 쉬워진다. 부탁하느냐 내가 하느냐 중 하나만 선택해야 하는 것과 달리, 중간이 있으면 유연하게 대응할 수 있다. 상대방이 부담스럽지 않을 정도의 적정량을 부탁하거나 여러 사람에게 각자에게 알맞은 일을 할당하는 식의 응용도 효과적이다.

이제 나머지는 완벽주의를 발동시키지만 않으면 된다. 완성도에 대한 기대를 버리고 '50점주의'를 유지하는 것 또한 부탁할 때 필요한 핵심적 지혜다.

이렇게 부탁 경험을 늘려서 부탁하는 게 익숙해지면 처음의 '조심스럽다'는 심리적 문턱도 낮아진다. 이는 여러분이 관리자 입장에 있을 때는 물론, 나이 들었을 때의 일상에서도 효력을 발휘할 것이다. 짐이 무거워 계단을 올라가지 못하는 위기 상황에서 "잠깐만 도와주시겠어요?" 하고 근처를 지나는 사람에게 도움을 구할 수 있다. 부탁을 잘하는 아주머니, 아저씨를 목표로 하자.

거절도 부탁도 잘하는 사람은
마음이 편안하다.

칼럼

(마음에 드는 향을 찾자)

냄새에는 사람의 마음을 크게 좌우하는 힘이 있다. 오감 중 후각만 뇌에 도착하는 경로가 조금 다르다. 비강으로 들어가 기억을 주관하는 해마와 감정을 주관하는 부위에 직접 작용하기 때문이다.

독자 여러분은 특히 좋아하는 냄새가 있는가? '좋아하는' 외에도 '그리운 추억이 있는' '차분해지는' '마음이 산뜻해지는' 등 기분을 안정시키거나 좋아지게 하는 냄새를 보유해두는 것은 매우 좋은 방법이다.

예민한 분들이라면 인공적인 향료보다 허브나 아로마 오일 등 자연에서 유래한 향기가 잘 들을 것이다. 아로마 에센스를 갖춰놓는 것도 좋고 목욕 용품같이 매일 사용하는 물건에 넣는 것도 추천한다.

우리 집을 예로 들면 가장 좋아하는 장미 향의 차가 상비되어 있다. 아침에는 감귤 계열의 상쾌한 향기가 나는 헤어 오일을 머리에 바르는 게 일과다. 그 밖에 오일 한 방울을 떨어뜨린 손수건을 가방에 넣어놓는 방법도 있다. 그때그때의 기분에 따라 옷을 골라 입듯 냄새로도 코디를 해보자.

3장

'생활을 방해하는 고민'을

싹둑!

지금까지 예민함 때문에 무심코 손해를 보거나 인간관계에서 고민하기 쉽다는 정신적인 면의 이야기를 위주로 설명했다. 이 장에서는 몸에도 관심을 돌려보겠다. 지나치게 섬세하고 예민한 오감이 일으키는 스트레스, 즉 생활 속에서 느끼는 스트레스가 주제다.

시각, 청각, 후각, 미각, 촉각 중 어느 감각이 제일 과민한지는 같은 HSP라도 사람마다 다르다. 오감 중 어느 것에도 해당하지 않지만 '어쩐지 여기와 안 맞다, 마음이 불편하다'라고 느끼는 일도 있다. 그러나 해결 방향성은 사실 하나로 일관된다. '살짝 연하게 만들기'가 그것이다.

여러분 이상으로 오감이 극도로 예민한 사람들에 대하여 의료 현장에서는 '저각성(Low Arousal)'이라는 사고방식을 중시한다. 'Arousal'이란 각성을 뜻한다. 그 각성의 정도를 억제해야 한다. 쉽게 말해 '또렷하고 분명하게'가 아니라 '어렴풋이 희미하게' 만드는 것이다. 주변 환경은 물론 의사가 환자를 대할 때의 태도와 표정도 저각성 정도를 유지할 것이 요구된다.

예민한 사람에게도 저각성 환경은 꼭 적절하다. 나 자신도 집, 클리닉, 레스토랑 등 어디서든지 '저각성'에 유의하고 있다. 핵심은 '콘트라스트(Contrast 대비) 정도 낮추기'. 지나치게 번쩍번쩍 밝지도 않고 칠흑같이 어두컴컴하지도 않은, 약간만 밝은 공간. 너무 시끄럽지 않고 아예 무음도 아닌, 적당한 소리가 있는 공간. 춥지도 않고 덥지도 않은, 딱 알맞은 기온과 습도. 이렇게 의식하는 것만으로도 마음상태가 크게 달라진다. 여기까지를 기본 사고방식으로 삼아 생활 곳곳에 마음이 편안해지기 위한 아이디어를 심어보자. 갑자기 날아드는 자극과 정보들을 연하게 만드는 지혜를 터득하자.

사람 많고 시끄러운 곳이 거북하다

집의 안과 밖은 당연히 소리의 양이 크게 다르다. 방 안에서는 놓치지 않는 스마트폰 벨소리인데도, 밖에서는 어깨에 맨 핸드백 안에 박혀 들리지 않는다. 오고가는 차량으로 가득한 혼잡한 도로는 민감한 사람에겐 확실한 음량 과다이다. 소리와는 별개로 '사람' 자체도 스트레스의 원천이 된다. 누가 소란을 피우든 아니든 사람은 '많이 있는 것만으로' 피곤하다. 그중에서도 으뜸은 만원 전철이다. 길을 걷고 있을 때도 그렇다. 사람의 걸음 속도가 저마다 다른 탓에 앞사람에게 가로막히거나 뒷사람에게 쫓기다시피 해서 작은 스트레스가 발생한다.

이처럼 신경을 피로하게 만드는 스트레스에는 '대증요법'과 '근본 개선' 양방향의 대처가 요구된다. 우선 증상을 완화시키기 위한 대증요법으로는 시각과 청각으로 들어오는 자극을 부드럽게 바꾸는 법이 있다. 예를 들어 선글라스를 쓰면 눈에 비치는 풍경의 쨍한 대비감이 조금 중화된다. 모자를 푹 눌러쓰고 시야를 좁히는 것도 시각 자극을 줄이는 효과가 크다. 청각 면으로는 시중의 노이즈 캔슬링 이어폰을 사용하면 소음만 차단해줘서 편리하다.

주위의 협력을 얻는 것도 중요한 포인트다. 직장에서 주변 소리가 신경 쓰여 도저히 집중할 수 없는 사람은 이어폰을 낄 수 있게 허락받거나 학생이라면 뒷자리에 앉게 해달라는 식으로 대책을 세우자. 그런 부탁은 하기 부끄럽단 생각은 금물이다. 사무실이나 교실에서 지내는 시간이 길면 길수록 스트레스가 축적된다. 하루하루의 스트레스는 작더라도, 장기간 지속되면 아무리 잠을 자도 나른한 증상을 포함해 만성적인 피로로 이어진다. 일이나 학업의 성과 향상을 위해서라도 주저하지 말고 협조를 구하라.

여기까지가 대증요법이었다면, 근본 개선이란 무엇일까? 바로 '스트레스 자체를 줄이는' 것이다. 예민함과 스트레스는 닭과 달걀 같은 관계다. 평소에 스트레스를 많이 느끼면 오감은 한층 더 예민해진다. 반대로 스트레스가 적은 나날을 보내며 마음이 안정적이면 조금 시끄러운 곳에 가도 타격을 덜 받는다. '그럼 직장이나 사생활에서 스트레스를 느낄 수밖에 없는 사람은 방법이 없는 것인가?'라고 생각할 수도 있지만 그렇지 않다. 직장과 일상에서 경험하는 온갖 상황과 사건 일체에 스트레스를 잘 느끼지 않는 체질로 바뀌면 된다.

서장에서 계속 말한 핵심적인 기술 두 가지가 여기에서 유용하다. 그렇다, '기대하지 않기'와 '상대방의 자기중요감 충족시키기'다. 이 두 기술을 터득하면 쉽게 긴장하는 경향이 누그러지고 인간관계가 원활해지며 트러블이 생겼을 때는 합리적 해결책으로 시선이 향한다. 그 결과 동요하지 않는 마음이 갖추어진다. 사람이 많은 장소가 힘든 것에 대한 주요 대책은 대증요법보다는 근본 개선에 있다. 스트레스 내성을 높이고 평소의 기본 컨디션을 좋게 하기 위해서라도 날마다 착실히 기본 기술 두 가지를 연마하자.

예민한 마음은 빛, 소리, 사람의 무게를 고스란히 느낀다.

"잠들지 못한다"가 당연하다

침대에 누워도 잠이 오지 않거나 잠들어도 금방 깨는 등 예민한 체질인 사람에게는 수면에 관한 고민이 꼭 따라다닌다. 이런 고민을 줄이는 데는 앞 항목과 마찬가지로 '스트레스를 줄이는' 것이 중요하다. 피곤한데 잠을 잘 수 없는 원인은, 십중팔구 낮에 받은 스트레스에 있기 때문이다. 그날의 기분 나쁜 일이 머릿속에서 소용돌이치거나 내일이 걱정된다. 녹초인 상태에서도 눈이 말똥말똥해서 잠 못 드는 밤을 많은 분들이 경험하지 않았을까 싶다.

우리 클리닉에도 숱한 상담자가 수면에 대한 고민을 들고 찾아온다. 곧바로 "불면증 같아요"라고 하는 분도 많은데 평소 상황에 관해 듣다 보면 강도 높은 스트레스를 느끼는 사람이 대부분이다. 그런 경우의 불면은 '불면증'이 아니다. 즉, 어떤 병증으로 인해 잠을 자지 못하는 것이다. 매일이 스트레스로 가득하다면 잠들지 못하는 것은 당연하며 오히려 정상적인 상태다. 따라서 처방 약을 먹어서 억지로 자는 것보다 스트레스를 줄이기에 역점을 두는 것이 정확한 대책이라고 할 수 있다. 스트레스의 원인을 잘 피하거나, 해결해버리거나, 스트레스로 잘 타격받지 않는 체질을 기르는 등 앞 글과 같은 대처를 하는 것이 제일이다. 요컨대 밤에 잠을 푹 자려면 결정적으로 낮의 생활을 바꿔야 한다.

낮에 스스로 할 수 있는 일은 많다. 아침 일찍 햇볕을 쬐면서 체내 시계를 다듬으면 밤에는 수면을 유도하는 호르몬 '멜라토닌(Melatonin)'이 나온다. 운동량을 늘리는 것도 중요하다. 몸을 적당히 피곤하게 하면(신경이 아닌 육체를 피곤하게 한다) 밤에 수월

하게 잠에 들 수 있다. 또한 저녁 식사는 잠들기 3시간 전까지 끝마쳐 놓는 것이 바람직하다. 컴퓨터나 TV도 잠들기 2~3시간 전에는 전원을 꺼서 액정 화면의 강한 빛이 눈에 들어가지 않게 하라. 그렇다는 건, 스마트폰도 밤에 보면 안 된다는 이야기인데…… 할 수 있는 사람은 소수일 듯하다. 자기 전의 준비는 머리로는 알아도 행동으로 옮기지 못하는 것들이 많다. 그 점은 달리 어찌 할 도리가 없다. 적어도 '자기 전의 스마트폰은 좋지 않다'라는 지식만이라도 갖춰 놓으면 좋겠다.

실천하기에 간단한 방법도 있기는 하다. 1장에서 소개한 '스트레칭 3종'(115쪽)이다. 5분 안에 할 수 있으며 긴장이 바로 풀린다. 매일 밤 꼭 실천하자. 한번 해보고 평소보다 잠이 잘 오면 그것이 '성공 체험'이 된다. 그러면 습관화하기가 쉽다. 스트레칭 3종은 상당히 높은 확률로 그 흐름이 생기는 뛰어난 방법이다.

그 외에도 나만의 긴장 푸는 법을 하나씩 찾아가자. 라벤더 등의 아로마 오일을 사용해도 좋고 우유를 좋아하면 따뜻한 우유를 마시는 것도 좋나. 참고로 따뜻한 우유는 '멜라토닌의 원료인 트립토판(Tryptophan)을 많이 함유하고 있어 효과적이다'라는 설이 있는데 의학적 증거는 약하다고 여겨진다. 반면 인도의 전통 의학 '아유르베다'에서는 따뜻한 우유를 강력하게 추천한다. '신의 허브'라는 별칭도 있는 향신료 '사프란'을 넣으면 더 좋다고도 한다. 과학적으로 설명할 수 있는 근거는 없다고 해도 시대를 초월해서 우유가 안심감과 릴랙스를 주는 음료로 익숙한 것은 확실하다.

낮의 선택이 밤의 평화를 만든다.
평소의 작은 습관이 평생의 좋은 숙면을 안긴다.

방금 마신 우유가
몸에 맞지 않을 수도 있다?

건강을 위해서 음식을 가리는 사람도 많을 것이다. 확실히 먹는 것은 중요하다. 체질에 맞지 않는 음식을 먹으면 위장과 피부의 상태가 나빠지고 어쩐지 나른함이 지속되는 등 여러 부작용이 있으니 말이다. 그러나 자신에게 알맞은 음식을 파악하는 일은 의외로 복잡하다. 하루에 섭취하는 음식의 종류가 다양해서 어떤 음식이 어떻게 작용했는지 알기 어렵기 때문이다. 이런저런 식품을 갖고 실험해봐도 딱 들어맞는 인과관계를 설명하기가 어렵다는 말도 자주 듣는다.

식품 하나에 관해서도 몸에 좋다고 하는 사람도 있는가 하면 그 반대라고 하는 사람도 있다. 앞에서 소개한 '우유'도 마찬가지다. 유제품에 함유된 '카세인(Casein 포유동물 젖에 든 단백질)'에 대한 알레르기가 있는 사람의 비율이 의외로 꽤 높다는 사실이 밝혀졌다. 실은 나도 그중 한 명이다. 카세인 알레르기는 '지연형 알레르기(Delayed Hypersensitivity)'라고 해서 마시자마자 증상이 곧바로 나타나지 않는다. 그런 탓에 유제품이 맞지 않는 것을 모르고 왠지 졸리기만 하다, 의욕이 안 난다며 고민할 가능성도 있다.

식품 선택은 이렇게 갖가지 어려움이 동반되지만 내가 제안하는 방법은 이것이다. '수고와 시간을 들여 양질의 식품을 선택한다.' 예컨대 일반적인 우유를 마시면 컨디션이 다소 나빠지는 나도 어떤 우유만큼은 매우 맛있게 마셨고 이상이 전혀 없었던 경험이 있다. 그 우유는 지인이 경영하는 우유 회사의 제품이었다. 이 회사는 소에게 먹이는 사료의 80퍼센트가 '목초'인, 이른바 '그래스페드(Grass-fed)' 방식으로 젖소를 사육한다. 일반 우유는 원래 소가 먹는 음식이 아닌 '곡물'을 먹인 소에서 젖을 짠다. 소가 살이 잘 찌고 우유가 많이 나오기 때문이다. 그 대신 그래스페드 방식을 통한 우유보다 당질(탄수화물 등)과 지질(지방 등) 함량이 훨씬 높은 우유가 된다. 젖을 짜고 난 후의 과정에도 차이가 있다. 지인 회사의 우유는 65도·30분의 저온 살균 처리를 해서 단백질이 그대로 유지된다. 그에 비해 일반 우유는 120도 이상·몇 초의 고온 살균이라서 단백질은 파괴되고 만다. 단시간에 양산하고 가성비를 높이자면 회사로서는 이 방법을 선택하는 것이 합리적이다.

그래스페드 우유는 제조에 시간이 걸리고 비용도 더 높다. 지인이 만든 우유는 1리터에 6,000원인데 지갑 사정에는 꽤 혹독한 가격이다. 고기도 마찬가지다. 자연스럽게 키운 그래스페드 소고기는 가격이 상당하지만 먹었을 때 위에 전혀 부담이 없어서 깜짝 놀란 적이 있다. 하지만 가격 때문에 '그렇게 비싼 건 나와는 먼 얘기야'라고 단정해버리는 것은 아쉽다. 이를테면 안 좋은 피부 상태가 신경 쓰여 고액의 스킨케어 제품이나 고급 화장품을 몇 개씩 사고 있다면, 그중 일부는 신체 내부에 편안한 음식을 섭취하는 방법으로 대신할 수 있다. 평소에 몇만, 몇십만 원을 들이는 분야 중에서 '이건 꼭 필요하지 않다'고 생각하는 것을 예컨대 '1리터 6,000원짜리 우유'로 바꿔도 지갑 사정엔 무리가 없다. 무엇을 먹고 마셨더니 몸 상태가 어떻게 되었는지 관찰하면서 '내가 수고와 시간을 들여 찾아낸 내 몸이 반기는 음식'을 하나쯤 가지면 어떨까.

웬일인지 마음이 안정되지 않는 카페

잠깐 쉬어야겠다 싶어 들어간 카페에서 안내받은 자리가 도무지 마음이 편하질 않았던 경험도 있을지 모르겠다. 주방에서 나는 소리가 다 들린다, 스피커 소리가 시끄럽다, 에어컨 바로 밑이라서 춥다, 의자가 너무 딱딱하다, 테이블이 덜컹거린다, 옆자리 손님의 이야기가 다 들린다. 그리고 딱히 이렇다 할 이유가 없는데 어쩐지 마음이 불편한 경우도 있고 말이다.

이럴 때 겸손은 쓸모없다. 시간이 갈수록 스트레스가 쌓이기 때문에 1분이라도 빨리 자리를 바꿔달라고 하라. 주저할 것 없다. 점원을 불러서 "다른 자리가 있으면 옮겨도 되나요?"라고 물어보면 해결이다. 물론 해결되지 않을 때도 있다. 점원이 불친절하거나 자리를 옮겼더니 옮긴 곳에서도 다른 스트레스를 느낄 때는 '나와 맞지 않는 카페'를 알게 된 것을 수확으로 삼고 다시는 가지 말자. 이런 불운을 막으려면 '나와 잘 맞는 가게'를 미리 마련하는 것이 중요하다. 문득 눈에 띈 가게에 그냥 들어가는 대신 평소에 '여기 괜찮다'고 생각한 몇 군데를 후보군으로 준비해놓아야 한다. 지쳤을 때의 힐링 장소이자 심신이 한계에 달했을 때의 피난처로서 든든한 존재가 된다.

어떤 가게가 맞는지는 취향에 따라 다르겠지만 공통적으로는 이 장의 시작에서 말한 콘트라스트(대비)가 덜한 공간이면 안전하다. 형광등이 쨍해서 눈부실 정도로 밝은 가게보다도 어슴푸레하고 차분한 조명이 있는 가게를 추천한다. 내부 인테리어도 생명력 없는 모노톤은 피하자. 반대로 원색이나 화려한 무늬의 벽지가 압도하는 가게도 좋지 않다. 연하거나 부드러운 중간색(명도와 채도가 중간 정도의, 순색에 회색을 섞은 듯한 색)으로 꾸민 내부 인테리어라면 안심될 거라 생각한다. 어두운 색이라도 같은 계열 색들이 갖춰진 공간이면 고전적이고 차분한 분위기로 느껴질 것이다.

　　음악에 관해서는 말할 것도 없이 시끄러운 곳은 피해야 한다. 들어가기 전 미리 엿볼 수 있는 힌트는 이렇다. 젊은 고객 대상의 개성 강한 느낌의 가게라면 음량 큰 유행가나 타격감 있는 사운드가 둥둥거리는 힙합곡을 틀어놓을 가능성이 있다. 또 패스트푸드처럼 단가가 저렴한 가게는 회전율을 높이기 위해 음량을 의도적으로 높이는 경향이 있다. 덧붙이자면 예전에는 패밀리 레스토랑도 그랬는데 최근에는 방침을 바꿔서 음량을 줄인 가게들이 나오고 있다. 추측컨대 직장인이 스터디나 미팅에 사용하는 일이 늘어났기 때문일 듯하다. 도심의 패밀리 레스토랑도 의외로 알맞은 장소일 수 있다.

　　이러한 마음 편한 장소를 여러 군데 마련해놓으면 이상적이다. 집, 직장, 자주 다니는 곳의 동선 안은 물론 동선 밖에도 찾아두면 좋다. 그 이유는 추천하고 싶은 또 하나의 습관 때문이다. 바로 주말 하루를 들여 좋아하는 가게에서 가게로 순회하는 '릴랙스 투어'다. 나는 때때로 이 투어를 통해 일주일의 피로를 깨끗이 씻어낸다. 좋아하는 식당, 그다음은 들를 수 있는 좋아하는 서점, 그리고 마음에 드는 찻집, 이렇게 느긋이 시간을 들여서 돌아다닌다. 평소 피로가 쌓였다면 이 1일 릴랙스 투어를 돌며 몸과 마음을 부드럽게 풀어주자.

테이블 하나뿐인 아담한 카페이든 도심 속 패밀리 레스토랑이든
내 몸과 마음이 기뻐하는 곳을 마련해두는 수고를 들이면 좋다.

내가 가방에 책을
10권씩 들고 다닌 이유

○○해야 적성이 풀린다 싶은 일이 있는가? 이유를 물으면 '그렇게 해야 마음이 편하니까'라고밖에 대답할 수 없는 일 말이다. 그런 '나만의 규칙'을 가진 분들이 적지 않으리라 생각한다. 계란프라이는 반숙이어야 하고 접시에 흐트러지지 않게 깔끔히 먹는다, 특정 광고가 나오면 빛의 속도로 채널을 돌린다 정도는 가벼운 괴벽 정도로 웃어넘길 수 있다. 하지만 '아침에 메일을 확인하고 답장을 다 보내지 않고선 일을 시작할 수 없다'면 어떨까? 긴급한 일이 날아든 아침이라면? 답장을 보내느라 시간이 아무리 지나도 급한 일을 마주하지 못하는 비효율이 생긴다.

예전에 내게도 꼭 지켜야 하는 규칙이 있었다. 외출할 때 책을 열 권 이상 들고나와야 마음이 안정되는 것이었다. 그래서 여행도 아닌데 캐리어를 끌고 다녔다. '이 책이 읽고 싶어질 수도 있어' '그 책도 필요하겠지?'라며 가방에 다 넣어야 성이 찼다. 결국 한 권도 읽지 않고 집에 와 부질없다고 생각했으면서 다음 날 또 같은 일을 반복했다. 업무나 생활에 지장을 주는 의문의 규칙. 이것도 예민한 사람이 갖기 쉬운 '완벽주의'의 일부다. 머릿속의 어느 한 그림에 집착해서 조금이라도 그와 다르면 참을 수 없는 심리다. 좋은 방향의 루틴일 때는 '하루라도 책을 읽지 않으면 입안에 가시가 돋는다'처럼 유익한 일이 되기도 하는데 그렇지 않다면 해소해야 한다.

해소법은 지금까지와 마찬가지로 '스트레스 줄이기'다. 스트레스가 강할 때일수록 집착도 강해지기 때문이다. 가벼운 산책과 운동 등 스트레스 해소를 위한 몸 움직이기는 매우 좋은 방법이다. 스트레스가 줄고 결과적으로 집착도 줄어들며 신체도 단련되고 수면의 질도 올라간다. 그야말로 장점투성이다. 하지만 이 방법은 습관이 들기까지 의지와 시간을 요하므로 대증요법도 병행해서 실천하자. 앞에서 소개한 메일 답장에 집착하는 사례에는 좋은 대처법이 있다. 즉각 답장할 수 없는 메일은 예정 스케줄에 넣는 것이다. 상사의 컨펌이 필요하거나 차분히 검토한 후에 답하고 싶은 메일처럼 바로 답장하기 어려운 메일이 한두 통은 있잖은가. 그 차분한 검토를 하는 사이에 모든 일이 멈춰버린다는 게 문제이므로 지금 끝없이 고민하지 말고 '내일의 스케줄'로 편성하라. '내일 오후 1시에 ○○ 씨에게 답장'이라고 할 일 목록에 적어두는 것이다. 그때까지는 충분히 확인할 수 있으므로 다음 날 순조롭게 답장을 보낼 수 있을 것이다. 어서 답장을 하고 나야 일을 시작할 수 있다는 스트레스도 멈춘다. 빨리 답장할 수 없는 메일만 제외하고 나면, 나머지는 신속한 답장이 가능하다. 다른 급한 일에 착수하는 시간이 대폭 앞당겨질 것이다.

나의 '책 열 권 들고 다니는 규칙'의 뒷이야기를 하자면, 지금은 외출 시의 짐이 놀랍도록 단출해졌다. 책은 종이로 봐야 한다는 주의이기 때문에 그 절충으로 읽고 싶은 쪽만 스마트폰으로 촬영해서 나가기도 한다. 변화의 결정타는 역시 앞에서 말한 스트레스 줄이기였다. 예전에는 '이 책도 읽을지 몰라' 싶어서 챙긴 책이 열 권 있었지만 지금은 '몇 페이지'뿐으로, 불안도가 명백히 줄어들었다는 증거다. 시간은 걸려도 역시 '근본 개선' '체질 개선'이 가장 좋은 방책인 것이다.

걱정이 심해서 1시간이나
일찍 도착하는 사람

나의 '책 열 권 들고 다니기' 일화는 다른 각도로 보면 걱정이 심해서 생긴 지나친 버릇이라고 할 수 있다. 예민한 사람은 대체로 걱정이 많은 성격이기도 하다. '○○하면 어쩌지' '○○하지 않도록 해야 해'라는 걱정이 절실하여 때로는 지나친 예방책을 세우게 된다.

친구와의 약속에 지각하면 안 된다고 생각해서 일찌감치 집을 나와 1시간이나 미리 도착하는 예를 들어보겠다. 어지간한 사안이 아니면 이는 일찍 도착해 있는 정도가 아니라 '지나치게' 일찍이다. 이럴 때 바탕이 된 걱정은 매우 다양하다. '지하철이 늦게 올 수도 있다' '가는 도중에 배가 아파질 수도 있다' '길을 헤맬 수도 있다' 등등. 업무 상황에서도 '기한에 맞추지 못하면 어쩌지?' 하고 지나치게 걱정해서 다른 일을 방치하고 필요 이상으로 빨리 완성하는 경우가 발생한다. 물론 기한을 어기는 것보다야 낫겠지만, 지나친 걱정으로 흐르기 쉬운 본인의 마음 상태는 역시 문제다. 그런 식으로 자신을 몰아붙이면 머지않아 완전한 소진감에 맞닥뜨리고 만다.

과한 걱정의 원인은 알다시피 완벽주의 때문이다. 눈곱만큼도 실수하면 안 된다는 생각이 극도로 상한 상태이며, 이러한 절박한 감정도 알다시피 스트레스가 심할수록 더 거세진다. 따라서 지나치게 걱정하는 체질을 근본부터 개선하려면 기본인 '스트레스 줄이기' 그리고 '기대하지 않기'가 해결책이다. 여기에 더해 대증요법으로는 무엇이 있을까? '약속 장소에 너무 일찍 도착했다' '일의 마무리가 너무 이르다' 자체에는 아무런 문제가 없다. 친구에게 전혀 피해를 주지 않았고 일 처리 속도가 빠르면 주위 사람들은 좋아할 뿐이다. 문제가 있다면 너무 빨랐던 만큼 할 일이 없어져 아까운 시간이 생기는 점이다.

여기에도 해결책이 있다. 미리부터 걱정이 들어 예방책을 세운다면 그 김에 또 하나, 너무 빨랐을 때에도 대비를 해두면 좋다. '대비'라고 딱딱하게 말은 하지만 그저 태평한 마음가짐으로 충분하다. 시간이 남으면 뭘 할까? 같은 생각들로 즐겁게 상상을 부풀릴 뿐이니. '너무 일찍 도착하면 그 카페에 들러볼까?' '거기서 읽던 책을 마저 읽을까?' '일이 빨리 끝나면 다음 기획을 위해 슬슬 정보 수집이라도 할까?' '정시에 끝나니까 영화라도 보러 갈까?' 이렇게 하면 걱정뿐만 아니라 동시에 즐거움이 늘어난다. 걱정이 과해서 또 지나치게 행동해버린 자신을 탓하는 일도 사라진다.

장점은 또 있다. 느긋하게 생각해둔 대비책으로 시간을 보내다 보면, 예컨대 카페에서 여유롭게 독서를 즐기고 있으면 친구가 늦게 외도 너그럽게 봐줄 수 있다. '나는 이렇게 빨리 왔는데 너는 말이지!' 하는 짜증이 들지 않아도 된다. 자신과 타인 모두에게 다정한 사람이 될 기회다.

스트레스가 줄어든 마음에서
완벽주의는 제힘을 잃는다.

집중할 때까지 걸리는 시간을 숏컷한다

1장에서 '예민한 사람은 과제 전환이 서투르다'는 이야기를 하였다. 이는 매사에 '하지 않는다'로부터 '한다'로 전환할 때도 일어난다. 마음이 내키질 않아 시작하기가 어렵다, 일을 손에 잡아도 좀처럼 집중할 수 없다. 이렇듯 쉽게 데워지지 않는 엔진으로 인해 고민하는 사람은 꽤 많을 것이다. 예민하지 않더라도 어떤 일을 시작하는 데에는 에너지가 필요하다. 무거운 물체를 움직일 때 집중적으로 힘이 드는 것은 첫 순간이다. 정지해 있는 것을 움직여야 할 때가 가장 힘든데, 한번 움직이기 시작하면 나머지는 무리없이 해결된다.

그렇다면 엄청나게 간단한 일을 첫 단계로 삼는 게 좋은 방법이겠다. 지금까지 여러 번 언급된 '스몰 스텝'처럼, 할 마음이 들지 않을 때일수록 첫발을 가볍게 떼는 것이 철칙이다. 이 간단한 한 발을 내디디면 뇌 속에서 '작업 흥분(Work Excitement)' 작용이 일어난다. 몸 어딘가를 움직이면 뇌에서 도파민(Dopamine 보상, 동기 부여, 운동 조절에 관여하는 신경물질)이라는 호르몬이 분비되어 저절로 다음의 뭔가를 하고 싶어지는 현상이다. 다시 말해 흐름을 타는 것이다. 예를 들면 문서 작성이 귀찮을 때, 첫줄을 제목만 적는 정도로 가볍게 생각하고 실제로 제목만 써보면 둘째 줄도 쓸 수 있을 것 같은 기분이 든다. 그 일과 직접 관계가 없는 행동이라도 상관없다. 책상을 간단히 치운다, 컴퓨터 화면을 천으로 훔쳐서 깨끗이 한다 같은 첫 단계도 작업 흥분을 유도하기에 훌륭한 방법이다.

그러면 '설거지'도 괜찮을까? 그건 조금 미묘하다. 첫 번째 작업과 두 번째, 그 이후의 작업들은 '같은 장소'여야 쉽게 이어지기 때문이다. 주방에 가서 설거지를 하면 작업 흥분이 착각해서 주방일을 하게 되는 경우까지는 일어나지 않더라도, 해야 할 일이 놓여 있는 곳과 똑같은 장소에서 움직임을 시작하는 것이 중요하다. 한편 같은 장소라도 스마트폰은 주의해야 한다. 일하려고 책상 앞에 앉아 제1단계로 스마트폰을 확인하거나 앱 정리를 시작하는 것은 좋지 않다. 메시지에 답하거나 무심코 동영상을 보면 별개의 세계로 가버리는 것과 같으니 주의를 요한다.

작업 흥분과 함께 또 하나 알아두어야 할 시간적 요령이 있다. 타이머를 사용해서 15~30분 정도씩 '구분'을 짓는 방법이다. 이는 '포모도로 기법(Pomodoro Technique)' 즉 토마토(이탈리아어로 포모도로) 모양의 요리용 타이머를 사용해 25분 동안 정해진 일을 하고 5분 쉬는 사이클을 반복하는 시간 관리 노하우를 토대로 만든 것이다. 25분 동안 집중하고 짧은 휴식을 취한 후 또 25분 동안 집중하는 리듬으로 작업하면 생산성이 높아진다는 사고에 바탕하는데, '25분'을 고집하지 않아도 상관은 없다. 집중력의 길이에는 개인차가 있기 때문이다.

나의 경우에는 20분이다. 글을 쓸 때는 가장 먼저 주방 타이머를 20분으로 설정하고 시작 버튼을 누른 후 쓰기 시작한다. 15분, 16분이 지나고 마지막은 자그마한 경쟁이다. '시간이 끝나기 전에 여기까지는 반드시 할 테다!'라는 기세로 최대한의 집중력을 발휘한다. 만약 성공하면 '또 해내(이겨)야지!', 실패하면 '다음에는 꼭!' 같은 마음이 되어선 다시 20분을 경쟁한다. 이 사이

클을 반복하는 사이 어느새 작업을 멈추지 않게 된다. 도파민이 20분마다 연속적으로 나오는 상태로서, 1시간 걸리는 작업이라면 세 번 분비된다는 뜻이다. 똑같은 1시간을 내키지 않은 상태로 아무것도 하지 않고 시간을 보낼 경우 도파민 분비는 0(제로)이다. 초조함만 가득한 뇌는 지치고 회복도 어려워진다.

잘게 저미듯 도파민을 조금씩 분비하는 '포모도로 기법'이라면 어떤 힘든 일이라도 뇌는 지치지 않는다. 평소에 '별로 진도를 나가지 못했는데도 너무 지친다……'의 상태가 되는 사람은 꼭 시도해보라.

뭐 하나가 안 되면
맥이 풀려버리는 경우

무언가 안 풀리는 일이 있으면 그 순간 '아, 망했어' 하고 그 뒤로는 도미노가 쓰러지듯 뭘 해도 잘되지 않아서 하루가 엉망이 된 경험이 있을 것이다. 이렇게 되는 이유로는 마음에 지나친 타격을 받는 점, 전환을 잘 못하는 점을 들 수 있지만 또 하나 간과해선 안 될 원인이 있다.

'아, 망했어'라고 체념한 후 '난 되는 게 없어' 같은 생각을 하는 버릇이다. 하나가 잘못되면 전부 어찌 되든 상관없어져서 남은 하루를 아무렇게나 방치한다. 이는 앞에서도 등장한 '토털 리젝션(전면 거부)'이다. 2장에서 다뤘을 때는 타인에게 기분 나쁜 면 하나를 발견한 순간 호의가 완전히 사라진다고 말했는데, 이번에는 '완벽해야 했던 오늘'에 실망해서 의욕이 아예 사라진 상태가 되었다. 여기서도 원흉은 완벽주의다. '또 똑같은 소리를 하네'라고 생각할 수 있는데 그 정도로 완벽주의는 온갖 폐해를 불러일으킨다. 또한 이유를 안다는 것은 의외로 큰 의미를 지닌다. 이유를 모르면 이 습성이 너무나 압도적인 무엇, 극복할 수 없는 대상처럼 느껴진다. 그에 비해 '완벽주의 때문에 뭐 하나가 안 되면 전부 다 안 된다고 생각하는구나' '지금 나는 그 상태구나' 하고 구조를 이해하고 나면 어떻게 해야 완벽주의의 구속을 해제할 수 있을까로 의식이 향한다.

그러니 바로 구체적인 해소법 설명으로 들어가겠다. 첫째, '뭉쳐서 던져버리기' 작전이다. 지금 일어난 '잘 풀리지 않은 일'을 휙 던져버리는 모습을 머릿속에 그린다. 상상하는 것만으로도 좋지만 가능하면 실제로 동작까지 해보라. 꾸깃꾸깃 구겨 뭉

치고 그걸 어깨 너머 뒤쪽에 휙 던지자. 남은 건 일절 뒤돌아보지 않는 것이다. 단순한데 효과가 매우 좋다.

둘째, 1장에 나온 '원거리 촬영' 작전이다. 기분 나쁜 일이 일어난 순간의 영상을 점점 멀리 보이는 광경처럼 만들어라. 같은 방식이지만 내 쪽의 카메라를 작동하는 대신 영상 자체가 멀어지게 만드는 법도 있다. 나는 싫은 기억을 트럭 짐칸에 실어 아주아주 멀리, 보이지 않게 될 때까지 보내버리는 상상을 자주 쓴다. 또는 그 싫은 기억이 나의 과실이었을 경우에도 좋은 방법이 있다. 수치스럽다, 미안하다, 꼴사납다, 날 싫어할 거다, 경멸할 거다……라는 동요와 자책이 뇌 속을 휘저으며 돌아다닐 때는 '우주에서 본 나'를 상상한다. 우주에서 보면 그 어떤 실패도, 형편없는 모습도 터무니없이 조그맣다는 것을 알 수 있다.

내 아이폰의 배경화면은 기본 사양의 지구 사진이다. 실패했을 때 보면 '보잘것없는 내가 하찮은 일로 고민하는구나'란 생각에 조금 우습기도 했다. 참고로 이 사양은 자신의 위치가 초록색 점으로 표시되어 가끔씩 반짝 하고 빛을 낸다. 그럴 때는 한없이 짧고 미약한 그 빛이 어딘지 슬프게 느껴지기도 한다. 아이폰을 사용하는 분이라면 누구든지 사용할 수 있다. 아이폰이 아닌 분도 무료 지구 사진을 배경화면으로 해보는 것을 추천한다. 우주라는 궁극의 먼 시점을 빌려 평상심을 회복하자.

우주를 떠올리면 걱정은 별처럼 아득하다.

말을 많이 할 때의 헛점

후배나 팀원에게 일을 한창 알려주던 도중 문득 이상한 기분이 든다. '중간부터 왠지 안 듣고 있는 것 같은데' '그런 건 내 알 바 아니라고 생각하나?' '잔소리처럼 느끼나?' '날 귀찮다고 생각하나? 지나친 생각일까?' 안타깝게도 지나친 생각이 아닌 경우가 있다. 예민한 사람은 모든 일의 구석구석까지 시선이 미친다는 장점을 가졌다. 그러나 그 장점은 남에게 뭔가를 지시할 때 너무 세세한 데까지 설명한다는 단점이 되기도 한다.

예민한 사람의 전달법이 지닌 특징은, 중요한 것도 중요하지 않은 것도 다 말한다는 점이다. 그도 그럴 것이다. 본인은 다 중요하다고 느끼니까. 하지만 그래서는 상대방이 핵심을 파악할 수 없다. '무슨 말을 하고 싶은지 모르겠어' '이 사람이 까다롭다는 건 알겠네'라는 불만에서 더 나아가 '이런 것까지 일일이 말한다는 건…… 나한테 신뢰가 없는 거구나'라고까지 상대는 생각하게 된다.

'설마! 그런 의도가 전혀 아닌데'라는 반발도 이해한다. 하지만 사람은 많은 양의 말을 발화하고 있을 때 숙고를 거의 하지 못한다. 상대방의 입장에서 알기 쉽게 전해지고 있는지보다 '이것도 말하고 싶고 저것도 말하고 싶다'는 마음이 전면에 나선다. 이것이 상대방과 본인 사이에 격차를 발생시키는 원인이다. 그러므로 전부 다 전하려 하지 말고 우선순위를 매겨야 한다.

매사를 민감하게 감지하는 사람은 '전부 중요하게 느낀다'라고 말했는데 그건 평범한 사람보다 우선순위 구분이 어려울 뿐이지 아예 '모른다'는 이야기는 아니다. 차분하게 생각하면 무엇이 중요한지는 제대로 판단할 수 있다. 우선, 전하고 싶은 내용을 무작위로 적어보자. 그렇게 하면 무엇이 골자이고 무엇이 잔가지인지 보인다. 그러고 나면 '중요 골자 외에는 말하지 않는다'고 정하라. 그러면 말하는 양이 10분의 1 정도로 줄어든다. 10분의 1까지 줄어들지 않는다면 아직 많다는 증거다. 좀 더 삭제하라. '하지만 이 말도 하고 싶고 저것도 뺄 수 없다'는 생각이 들더라도 꾹 참자. 그런 것은 다음의 대사로 한꺼번에 바꿔 말하면 된다. "여기까지 질문 있어요?" "지금은 없군요. 좋아요, 그럼 중간에 어려운 게 있으면 언제든지 말해줘요!" 이로써 간결하고 이해하기 쉬운 전달이 이루어졌다.

'저는 우선순위대로 전하는데 팀원의 실수가 줄지 않아요'라는 경우도 있을 것이다. 그런 경우에는 항목별로 적은 메모나 순서를 제시한 매뉴얼을 건네줘야 효과적이다. 기록은 말과 달리 언제든지 다시 볼 수 있어서 상대방도 안심한다. 그때 전하는 김에 '나만의 매뉴얼'(104쪽)에 관해 알려주면 한층 더 친절한 선배가 아닐까. 매뉴얼을 팀원 자신의 말로 다시 써보는 이 기술은 효과가 즉시 나타나므로 분명 고마워할 것이다.

전달은 심플하게, 생각은 직접 하게. 처음엔 어렵지만 요령이 생기면 반드시 할 수 있다. 동시에 당신의 머릿속도 정리되는 일거양득의 방법이니 과감하게 쓰자.

사람은 말을 많이 하고 있을 때 생각을 깊이 하지 못하니 주의한다.

이상은 높은데 열심히가 안 된다

완벽주의인 사람은 성실하고 노력가라는 이미지가 있다. 그런 사람도 당연히 존재한다. 그러나 완벽주의인 사람이 모두 성실한 것은 아니다. 그중에는 정반대처럼 보이는 사람도 있다. 온종일 빈둥거리거나 분발해야 할 때 포기해버리기도 한다. 나도 그런 부류였기 때문에 확실히 말하는데, 이러한 '게으른 완벽주의자'는 대부분이 매우 예민한 사람이다.

별로 열심히 하지 않는 성격으로 인해 주위에서 무사태평한 사람으로 오해하지만 이 또한 정반대다. 완벽주의인데 노력하기가 싫다…… 그런 사람의 마음속에서는 얼마나 격렬한 자책의 태풍이 휘몰아칠까? 이 유형의 완벽주의는 'ㅇㅇ인 사람은 ㅇㅇ여야 한다'는 말로 이루어져 있는 경우가 많다. 공부나 운동을 한다면 늘 성적이 상위권이어야 한다. 사회에 나가면 출세해야 한다. 글을 쓰거나 그림을 그리면 모두에게 칭찬받을 정도여야 한다. 아이나 부모님은 직접 돌봐야 한다. 일을 계속할 거라면 집안일과 육아 둘다 높은 수준으로 잘해내야 한다. 부모라면 아이의 롤모델이 될 만한 인생을 구현해야 한다…….

잠깐만, 짐이 너무 무겁지 않은가? 현시점에서의 위치와 나부끼는 이상의 깃발까지 거리가 너무 멀면 사람은 노력할 엄두를 못 내게 된다. 시작할 용기가 꺾여 꼼짝하지 못한다. '포모도로 기법'(220쪽)을 설명할 때 '가만히 있으면 도파민이 나오지 않는다'라고 했는데 딱 그러한 상태다. '이상이 너무 높아서 행동하지 못한다 → 도파민이 분비되지 않는다 → 점점 더 행동할 수 없다'는 성가신 악순환이 계속된다. 여기에 '감점'을 매기는 버릇이 타격을 더한다. 머릿속 이상에 비해 자신이 얼마나 부족한지 열거하고 자신을 더욱 궁지로 몰아넣는다는 뜻이다.

그 발상을 180도 전환해 '가산점'을 매겨보자. 먼저 '지금 가진 것'을 하나하나 열거해본다. 퍼뜩 떠올리기 어려울 수 있어도 가진 게 없을 리 없다. 살아서 숨 쉬고 먹고 잠자는 생명 활동을 하는 것만으로 대단한 가점 요소다. 이 정도로 아주 당연해 보이는 것까지 다 주의해서 살펴보라. 예전에는 못했지만 지금은 할 수 있는 일도 있을 것이다. 어릴 때와 비교하면 분명 '지금 가진 것'을 셀 수 없을 정도로 찾을 수 있다. 심지어 1년 전 자신과 비교해도 분명히 뭔가를 가졌다. 한마디로 당신은, 있는 힘껏 노력해서 살고 있는 것이다. 어느새 등에 얹힌 너무나 무거운 짐들에 짓눌릴 것 같으면서도 하루하루를 살고 있다. 대단한 일이다.

대단하지만 그 상태로 짓눌리고 만다면 곤란하므로 다음은 '앞으로 할 일'에 관해 생각해보자. 이건 더 간단하다. 작은 성공을 많이 경험하면 된다. 성공하는 사람은 성공 체험이 있는 사람이라는 말(60쪽)을 기억하는가? 성공 체험이 많아지면 도전하는 데 과감해지고 성공할 때까지 몇 번이고 도전을 반복할 수 있으며 최종적으로 성공한다는 흐름이 존재한다. 어떤 소소한 일이라도 좋으니 '뭔가를 하자고 생각하고 실제로 한다'를 많이 실천해보자. 물량으로 승부하는 것이 중요하므로 조금이라도 힘들어 보이는 일은 피하라. 스몰 스텝 정신으로 아무튼지 가볍고 또 가볍게 행동하라. '마음이 내키지는 않지만 누군가에게 칭찬받을 것 같은 일'도 피한다. '해야 한다'가 아니라 '하고 싶다'에 가까운 일을 하는 것이 핵심이다. 예를 들어 스트레칭 정도라면 '하고 싶다'에 가깝지 않을까? 매일 밤 하면 매일 밤 성공 체험을 얻을 수 있다.

'내가 그리는 성공이나 이상과는 전혀 상관없는 일인데 의미가 있나?'라는 생각이 머릿속을 스치는 분들에게 또 하나 솔깃한 정보를 알려드리겠다. 목표가 있는 사람이 그 목표와 상관없는 '하고 싶은 일'을 무엇이 됐든 성공하면 바라던 목표에 다가가기 쉬워진다. 이는 '랜덤 워크(Random Walk)'라고 하는 이론으로 원래는 수학적 확률론이나 주가 분석의 세계에서 쓰이는데, 성공하는 사람의 행동 패턴에도 똑같은 경향이 나타난다고 한다. 그래서 나도 실천 중이다. 예를 들면 내게는 언젠가 일본의 대형 경기장인 무도관에서 라이브 콘서트를 하고 싶다는 큰 꿈이 있다. 그렇기에 악기 연습도 하지만 다른 상관없는 일들을 엄청 한다. 오토바이를 타고 캠핑 투어를 떠나고 싶으면 그렇게 한다. 면요리가 맛있기로 소문난 가게에서 우동을 맛보고 싶으면 그곳에 간다. 이렇게 해서 '사소한 행복'을 거듭 쌓는 것만으로 무도관에 다가가기 때문에 굉장한 이득이다.

그러니 당신도 '바로 할 수 있고, 하고 싶은 일'을 해보자. 한 번 하고 나서 의욕이 고개를 들면 그다음에는 '바로 할 수는 없지만, 하고 싶은 일'도 해보라. 성공 체험을 수집하고 에너지를 모아서 자신을 해방시켜주자. '이렇게 저렇게 해야 하는데 못하고 있는 나'로 고민하느라 시간이 흘러가는 것보다 훨씬 더 즐거울 것 같지 않은가?

어릴 적, 1년 전, 어제의 자신과 비교하면
당신은 분명히 새로운 뭔가를 '갖고 있다'.

슬픈 소식에 마음을 지배당하는 사람을 위한 '20분'

재해나 전쟁에 관한 보도에 충격을 받고 마음 아파하는 것은 누구에게나 일어나는 자연스러운 반응이다. 그러나 어떤 사람은 사건을 지나치게 자기 일처럼 느껴서 눈물이 멈추지 않거나 잠이 오지 않는 등 몸과 마음의 상태가 안 좋아지기도 한다. 최근, 괴로운 사건을 다룬 기사의 말미에는 마음을 돌보는 기관의 연락처가 기재되어 있다. 이 또한 '지나치게 영향받는 사람들'이 많다는 사실을 말해준다. 자신의 신변에 일어난 일도 아닌데 그렇게까지 격렬하게 감정 이입하는 이유는 무엇일까?

사실 정보 자체는 계기에 지나지 않는다. 원래 그 사람 안에 강한 불안감이 존재해서 스트레스가 한계까지 온 상태였다. 사건 보도는 그 한계를 뛰어넘는 '마지막 떠밀기'였다.

이렇게 말하면 영향을 너무 받거나 과거에 그런 경험이 있는 분들은 '그렇지 않다'는 위화감이 들 수도 있다. 종종 "저는 괜찮습니다. 다른 사람들이 괴로워하는 모습을 보는 게 힘든 거지요"라고 말하며, 또 실제로 그렇게 느낄 것이다. 그렇다면 왜 자신보다 다른 사람의 고통에 눈길이 갈까?

조금 심한 말을 해야 하겠다. 당신이 그렇게 느낀다면 그건 자신이 지닌 강렬한 불안감을 직시하지 않기 때문이다. '다른 사람'에게 원인을 두면 내면의 불안과 마주해서 자신을 바꾸고 극복해나가는 '일'을 하지 않아도 되니까. 이 지적은 특히 받아들이는 데에 시간이 걸릴 것이다. 억지로 소화시키려 하지 않아도 되므로 조금씩 생각해보길 바란다.

또한 이와 동시에 지나치게 충격받는 자신을 위한 보호 대책을 마련해야 한다. 가장 먼저, 정보에 무방비하게 노출되는 일이 없도록 하라. 스마트폰으로 인터넷 기사를 계속 보고 있단 걸 깨달으면 그 시점에서 멈춰라. 즉시 멈출 수 없다면 일단 자각하는 것만으로 충분하다. '나는 충격을 잘 받으니까 한 글자 한 글자 너무 열심히 읽지 않도록 해야지'라고 생각하는 것만으로도 수용 양상이 꽤 달라진다.

각별히 주의해야 할 것은 시각 정보다. 대표적으로 반복해서 흘러나오는 재해 피해 뉴스, 분쟁 지역, 범죄 사건의 영상들. 거기서 받는 영향은 글자 정보보다 훨씬 강력하다. 피로가 쌓였을 때는 TV나 유튜브 같은 동영상 매체를 최대한 피하라. 의학적인 이야기인데 자폐증인 사람이 나타내는 상태의 설명으로 '돌발 풍경 이론(Sensory Overload theory)'이라는 것이 있다. 원칙적으로 인간의 뇌에는 충격적인 정보가 다이렉트로 들어오지 않게 하는 자기 방어 기구가 움직인다. 부정적인 감정을 만들어내는 '편도체'라는 부위를 방어하는 구조 덕택에 괴로운 정보도 어느 정도 완화된 상태로 받아들일 수 있다. 그러나 자폐증인 사람은 그 기구가 약하기 때문에 돌발적으로 들어온 정보에 대하여 격하게 동요하여 감정을 폭발시키게 된다. 정보를 접하고 충격을 지나치게 받는 분들 역시 정도는 달라도 편도체가 안정적으로 기능하지 않는(지나치게 활발한) 경향이 있다고 판단된다. 이는 편도체의 활동을 억제하는 '전두엽'과 '해마'의 기능이 떨어졌기 때문이라고 할 수 있다. 줄곧 불안에 잠겨 있으면 전두엽과 해마는 위축되기 쉽고 그 결과 정보가 한층 더 내리꽂히듯 들어오는 악순환이 일어난다.

이 악순환을 멈추고 불안을 누그러뜨리는 몹시 간단한 방법이 있다. '20분간 빨리 걷기'를 일주일에 두 번 이상 실행하는 것이다. 이 방법을 6개월에서 1년 정도 지속하면 전두엽과 해마가 활성화된다는 사실이 밝혀졌다. 어느 정도여야 빨리 걷기에 해당하는지는 사람마다 차이가 있는데, 맥박이 조금 오르는 정도라고 의식하면 된다. 이는 가벼운 유산소 운동이다. 유산소 운동은 특히 베타엔도르핀(ß-endorphin) 분비를 촉진한다. 베타엔도르핀은 진통제로 사용하는 모르핀보다 100~300배 되는 천연 진통 효과를 내는 호르몬으로, 긴장을 풀어주고(통증 완화) 해방감을 느끼게 하는(기분 조절) 효과가 있다. 당연히 '달리기'도 같은 효과가 있지만 운동을 좋아하지 않는 사람에겐 진입 장벽이 다소 높을 것이다. 그런 점에서 '걷기'는 날마다 하고 있고 그 속도를 조금 빠르게 할 뿐이므로 평소 생활의 연장선상에서 실천할 수 있다. 아침에 전철역까지 가는 동안 10분 정도 빨리 걷고, 집에 돌아올 때도 10분 정도 빨리 걷는다. 그런 날을 일주일에 두 번 이상 만들면 된다.

불안한 시기가 오래 지속된 사람일수록 회복에 시간이 걸린다. 따라서 실천에 옮기는 것이 이르면 이를수록 좋은데 그렇다고 초조해할 필요는 없다. 가벼운 마음가짐으로 1년 정도 시간을 들일 생각을 하고 시작해보라.

조금 빨리 걷기는 쉽사리 타격받는 마음을 낮게 한다.

'노후 문제' 뉴스만 봐도
강렬하게 불안해진다

2019년 '노후 자금 2억 문제'로 일본 전역이 어수선했다. 연금만으로 생활할 경우 노후 자금이 2억 원은 부족하다, 그러니 사회보장 외에 2억 원가량을 따로 비축해둬야 한다는 금융청의 발표가 있었기 때문이다. 이를 계기로 해서 중장년층과 고령자 세대를 중심으로 노후 불안이 가중되었으며 현재까지도 이어지고 있다.

여러분은 어떤가? 내가 나이 들었을 때 돈은 충분할까, 저축액이 동나지는 않았을까, 생활을 해나갈 수 있을까……. 이런저런 생각을 하다 보면 돈 쓰는 게 무서워져서 도가 지나친 절약에 몰두하는 사람도 가끔 있다. 뉴스 보도에 영향을 너무 받는 것과 같은 원리인데 이번 경우에는 본인도 자신의 불안을 자각한다. 그럼 구체적으로 표현해서 어떤 불안일까?

아마 잘 대답이 나오지 않을 거라 생각된다. 불안은 원래가 막연한 것이다. '대상이 없는 공포'라고도 불리는 이유다. 무엇이 무서운가? 사실은 스스로도 잘 모르는 상태다. 결국은 그 점을 확실하게 해야 불안을 줄일 수 있다는 이야기가 된다.

"노후가 불안하다"고 호소하는 분들은 의외로 '노후 자금 2억 문제'에 관한 내용을 정확히 파악하고 있지 않다. 개요를 간단히 설명하면 이런 것이다. 대전제로 '65세와 60세인 부부가 일하지 않고 30년 동안 생활한 경우'를 상정하여 계산한다. 매달 받는 연금이 둘이 합쳐 약 210만 원인데 그에 비해 평균적인 지출은 매달 약 265만 원. 그렇다면 매달 약 55만 원이 부족하다. 1년에 열두 달씩, 30년 동안 이 부족분이 계속 쌓이면 약 2억 원이 적자라는 이야기가 된다.

　이렇게 보면 의외로 개인차가 있는 수치다. 지출 265만 원은 어디까지나 평균이므로 본인이 어떤지 예측하지 않으면 적자일지 아닐지 알 수 없다. 만약 한 달에 그 정도 쓰지 않는다면 크게 걱정할 필요가 없다. 그 정도 쓸 것 같다고 해도 정년퇴직할 때까지 자금을 얼마나 모아야 하며 앞으로 매달 얼마씩 저축해야 하는지 생각할 수 있다. 정년퇴직 후에도 아르바이트를 해서 매달 ○○원 정도를 벌면 괜찮다 등 다른 방법도 생각할 수 있고 말이다.

　마냥 불안해하고 있는 것보다 이렇게 구체적으로 계산하는 편이 낫다. '그게 어려우니까 그렇지' '혼자서는 무서워서 조사를 못하겠어'라는 생각이 들면 누군가에게 도움을 받자. 믿을 수 있는 전문가, 이를테면 아는 사람 중에 재무 설계사나 세무사가 있다면 상담해볼 수 있다. 하지만 이 방법은 반드시 '믿을 수 있는' 사람이어야 한다는 점이 까다롭다. 돈이 최우선 가치라서 편파적인 정보만 제공하고 막대한 보수를 받는 전문가도 세상에는 존재하기 때문이다. 그렇다고 해서 전문가가 아닌 사람에게 물어보는 것은 더욱 좋지 않은 방법이다. 친구, 형제, 친척에게 상담하는 사람이 상당히 많은데, 상대방도 모르는 정도는 당신과 비슷할 것이기 때문에 좋은 정보는 얻을 수 없다. 잘못하면 '투자라도 하면 어때?' '요즘 주식이 돈벌이가 되나 봐' 같은 더욱 믿을 수 없는 정보를 제공해서 이야기가 점점 복잡해질 수도 있다.

만약 당장 좋은 전문가를 찾지 못하겠으면 문명의 이기를 활용하자. 이를테면 인공지능 ChatGPT(챗지피티)에 물어보는 건 어떨까? 앱스토어에 가면 ChatGPT가 뭐든지 답해주는 애플리케이션이 잔뜩 있다. 유료판이 믿을 만하지만 무료판도 있다. 그러나 AI가 시키는 대로 하라는 것이 아니다. 혼자 생각할 용기가 안 날 때 말 상대로 이용하라는 뜻이다. 상대가 기계라도 수다를 떨면 마음이 조금 편해진다. 게다가 '지식을 갖춘 기계'이므로(지식의 질은 별개라 치고) 어느 정도의 정보를 알려준다. 마음이 편해지는 동시에 조금의 지식도 들어오면 스스로 생각하게 되는 계기가 된다. 최종 목표는 자신의 상황을 명확하게 파악하고 대책을 생각해서 불안을 없애는 것이다. ChatGPT는 그를 위한 '첫 번째 스몰 스텝'이다. 애플리케이션을 설치하고 이런 식으로 물어보면 어떨까? '노후를 위해서는 저금을 얼마나 해놓아야 하니?'

아마 AI는 매우 일반적인 사실을 대답할 것이다. '개인에 따라 필요한 노후 자금은 다르지만 일반적인 기준으로는……' 식의 내용 말이다. 그래도 당신만을 향해서 발화된 언어에는 단순 인터넷 검색 결과보다 어딘지 온기가 느껴질 것이다. 참고로 유료 앱을 쓰면 한층 더 정확한 정보를 얻을 수 있다. 대략적인 연간 생활비, 퇴직 연령, 퇴직 후의 예상 수입, 연금 종류, 예상되는 수명 등 여러 항목을 적은 다음 질문하면 통합해 계산해주는 기능도 있다. 이때도 곧이곧대로 받아들이는 게 아니라 자기 스스로 생각하는 계기 정도로 삼아야 한단 걸 유념하며 불안 속에서 한 발 걸어 나오라.

우리의 마음은 반짝이나 불안은 존재의 뿌리를 흔든다.
불안을 마주하고 다스리는 것이 좋은 삶의 시작인 이유다.
_심리학자 칼 융

칼럼

(이불은 무거워야 안심이 된다?!)

불안감을 줄이기 위해 감촉이 부드러운 이불이나 시트를 사용하는 사람들이 많을 것이다. 그러나 사실 침대에 들어갔을 때 안심감을 높여주는 방법이 또 하나 있다.

바로 덮는 이불의 무게이다. 이불이라고 하면 폭신폭신하고 가벼운 것이 좋다고 생각하기 쉬운데 자주 불안을 느끼는 사람은 그렇다고도 할 수 없다.

'안절부절못한다'라는 말처럼, 불안을 느끼면 몸이 가만히 있지 못하거나 가슴속이 조여오기도 하는데, 그럴 때 무거운 이불로 꽉 감싸주면 누군가가 껴안아주는 듯해서 스르르 안심이 된다. 최근에는 '가중 담요', '중력 이불'이라는 제품도 시중에서 판매되고 있다. 내부에 구슬 모양의 충전재가 들어 있어 겉보기에는 얇지만 그와는 정반대의 묵직함이 느껴진다. 나도 사용하고 있는데 안정감이 들어 매우 만족스럽다. 가격도 적당하므로 두말할 나위 없다.

참고로 1장에서 언급한 동물학자 템플 그랜딘은 불안할 때 자신이 만든 '압박기'를 사용한다고 한다. 이 기구는 끈을 잡아당기면 나무판이 몸을 압박하는 형태다. 복원한 모델을 나도 호기심에 사용해본 적이 있긴 하지만…… 역시 조금 무서웠다. 무거운 이불 정도가 딱 좋은 듯하다.

4장

'이득이 되는 고민'은

남겨두기

모든 일을 풍부하게 느끼고 받아들이는 것은 예민한 사람들의 멋진 특성이다. 하지만 긴장에 시달리고 과민해지거나 견디기 힘든 감각을 느끼는 등 그 특성이 '살기 힘듦'으로 이어지기 쉬운 것도 사실이다.

예민함을 괴롭긴 하지만 훌륭한 특성이라며 억지로 받아들이기는 너무 아깝다. 멋진 특성을 유지하는 동시에 괴로움도 줄어들면 최상이지 않을까? 그렇다. 이 책을 관통하는 메시지는 여기에 있다. 이 장까지 온 여러분은 그 방법에 대해 이미 많은 것을 알고 있다. 함께 다져온 지식 위에서 마지막으로 '이득이 되는 고민'에 관해 이야기하고자 한다.

최종장의 주제는 타고난 특성을 좋은 일로 잇는 것이다. 예민한 사람들의 다정함과 깊은 주의력, 신중함, 성실함을 설명할 텐데, 이게 어째서 '고민'이라는 걸까? 거기에도 이유가 있다.

지금 거론한 특성은 1~3장에서 소개한 다양한 기술이나 대처법과 결부되지 않으면 고민거리가 된다. 주변 사람에게 이해받지 못하거나 반대로 누군가 당신을 너무 의존해서 극도로 지치기도 한다. '좋을 수 있는 가능성'이 '좋은 일'로 확실히 이어지지 않는 상태인 것이다.

이 장에서는 그 둘을 연결하는 방법을 전하고자 한다. 양자가 이어진다면 예민하다는 특성은 진정한 의미에서 훌륭해진다. 그뿐만 아니라 여러분 본인에게 '행복'을 가져다줄 것이다.

섬세하게 느끼는 마음을 간직한 채 행복하게 살아가는 힌트를 부디 얻기 바란다.

'눈치 빠른' 사람에게는 아직 발전가능성이 있다

어떤 예민한 사람들은 주변으로부터 '눈치가 빠른 사람'이라는 말을 들을 때가 있다. 하지만 눈치가 빠른 본인은 늘 기분 좋게 지낸다고는 할 수 없다. "눈치가 빠른 만큼 신경 쓰이는 일이 많아져요" "배려해서 한 일인데 상대방이 생각보다 별로 고마워하지 않습니다" "그렇게 앞질러 행동하지 말란 얘기를 듣고 엄청 충격받았습니다"라는 상담자를 많이 만나왔다.

    2장을 읽은 여러분이라면 여기서 이미 알고 있으리라 생각한다. 기대가 지나치게 높았기에 낙담도 커졌다는 것. 그 배려는 남을 위해서가 아니라 자신을 위함이기도 하다는 것. 배려해주는데 고마워하지 않는 반응은 아마 상대방의 자기중요감을 충족시키지 못했기 때문이라는 것······.

    위 상담자들의 '눈치 있게 굴기'는 상대방에게 전해지지 않았을 가능성이 크다. 타고난 특성이 잘 활용되지 못한 '아쉬운 친절'이 된 상태인 셈이다. '앞질러 행동하지 말라'고 했다는 말이 그 정점이고 말이다. 이 이야기를 들으면서 내게는 작가 오 헨리의 《마녀의 빵》이라는 단편소설이 떠올랐다.

빵집을 운영하는 독신 여성이 가게에 자주 찾아오는 남성에게 호감을 느낀다. 가난한 화가로 보이는 그 남성은 오래되어 딱딱해진 빵 두 개를 사 갈 뿐이었다. 그런 그를 위해서 그녀는 뭔가 할 수 있는 일이 없을까 생각한다. 어느 날 아침 평소대로 그가 빵을 사러 왔을 때 그녀는 빵에 칼집을 넣고 안에 버터를 듬뿍 발라 놓는다. 돌아가서 분명히 깜짝 놀라며 기뻐하겠지. 거리감도 좁혀질 거야…….

가슴 설레며 기다리는 그녀. 역시 그가 다시 찾아왔다. 웬일인지 분노에 떨며.

사실 그는 건축설계사인데 시청 설계도를 공모전에 제출하기 위해 몇 날 며칠을 제작에 몰두하던 중이었다. 빵은 먹기 위해서가 아니라 지우개를 대신해서 사용했던 것이다. 설계도를 잉크로 깨끗하게 그린 후 마지막에 연필로 스케치한 밑그림을 빵으로 지우려고 했는데…… 그녀의 친절이 그의 출품작을 한순간에 엉망으로 만들고 만 것이다.

정말로 아이러니하고 씁쓸한 스토리다. 마음 쓴 배려가 이렇게까지 폐를 끼치는 일은 좀처럼 없겠지만, '기뻐해주지 않는 배려'는 이 소설처럼 예나 지금이나 '사실은 상대방을 잘 몰랐다'는 점에서 발생한다. 상대방을 생각하는 마음은 있는데 시각이 단편적이라 이해가 부족하다. 그 상태에서 선의를 베풀 의도로 상대방이 바라지 않은 일을 하고 만다는 너무나도 안타까운 이야기다. 더욱 안타까운 점은 '이해가 부족한' 경험을 여러 번 거치는 동안 '더는 눈치껏 행동하지 말자' '눈치채도 모르는 척해야지'란 생각이 들어 친절 자체를 그만두게 된다는 것이다.

원래 보유한 좋은 성질까지 덮어두는 '후퇴'가 아니라, 이럴 때는 '전진'을 해야 한다. 다시 말해 상대방의 자기중요감을 충족시키려면 어떻게 해야 할지 생각하면 된다. 자신이 '이렇게 해주고 싶다'가 아니라 상대방이 기뻐하는 일, '나를 잘 아는구나'라고 느낄 일이 무엇일지 관찰하자. 원래 갖고 있는 풍부한 감각에 분석력이 더해진다면 상대방에게 도움이 되면서 자신도 감사 인사를 받는 기쁨을 느낄 수 있다.

남의 아픔을 이해하는 성질을
최대한 살리는 요령

앞에서 설명한 '아쉬운 친절'에 관한 이야기는 예민한 사람이 지닌 또 다른 훌륭한 자질을 보여준다. 다른 사람을 배려했는데 마음이 엇갈리는 것은 확실히 뼈아픈 경험이지만, 그 경험이 사실은 재산이 되기도 한다.

예민한 사람은 실패의 경험 또는 '실제로 어떻든 본인이 실패라고 느끼는 체험'을 숱하게 한다. 그때마다 아픔을 느낀 만큼 남의 고통에 민감하다. 더불어 상처받은 사람에게 마음을 기울이는 다정함도 갖고 있다. 이는 주위 사람을 따뜻하게 지지해주는 힘이 된다. 하지만 여기에서도 민감한 감각뿐만 아니라 관찰·분석하는 기술이 반드시 겸비되어야 한다. 그러려면 역시 어떤 실패를 겪고 '상처받아 후퇴하는' 것이 아니라 '깨닫고 전진하는' 것이 중요하다. 그렇게 할 수 있을 때 그 사람은 단숨에 성장한다.

예민한 사람에게서 가끔 보이는 서투른 소통 양상이 완전히 사라지고, 예민함을 유지한 채 상대방이 바라는 대응이나 듣고 싶은 말을 할 수 있게 된다. 예컨대 '상처받았을 때 바라는 대응'은 사람마다 크게 다르다. 그냥 내버려두길 바라는 사람도 있는가 하면 아무 일도 없었던 것처럼 대하기를 바라는 사람도 있다. 가만히 위로해주기를 바라는 사람도 있는가 하면 실컷 웃음으로써 밝게 넘어가기를 바라는 사람도 있을 것이다. 논리적 기질의 사람이라면 그 일에 대해 돌아보고 같이 해결책을 고민해주길 바랄 수도 있다. 급격히 성장한 후의 당신은 '지금 이 사람한테는 어떤 대응이 적합할까?' 생각하고 그에 따라 소통 형태를 바꿀 수 있게 된다.

　실패를 해본 경험이 남기는 재산은 또 있다. 타인이 실패할 것 같은 위험한 국면에 있을 때 한발 먼저 알아차리는 능력이다. 그래서 사전에 무심한 듯 사려 깊게 도와줄 수 있다. 또는 상대방의 자기중요감을 훼손하지 않는 한에서 스스로 깨닫게 하는 흐름을 조성할 수도 있다. 예를 들면 당신의 실패담을 들려줌으로써 상대방이 '아아, 나도 위험한 상황이었구나' 하고 알 수 있도록 슬며시 유도하는 대응을 말한다.

　상대에게 도움을 줄 때는 '과제 분석'(95쪽)이 유용하다. 과제가 있을 때 어떤 순서로 해야 하는지 밝히는 기술이었다. 순서를 몇 단계로 나눌 것인가, 어떻게 나눌 것인가. 어느 부분이 틀리기 쉬운 포인트이고, 피하는 요령은 무엇인가. 실패 체험이 많은 사람일수록 이를 포착하는 능력이 높아진다. 하지만 능력이란 갈고닦지 않으면 묻히고 만다. 그러므로 여러 가지 주제로 과제를 분석하는 자율 트레이닝을 해보자. 자신이 할 일의 순서를 적어보는 것도 좋고, 후배에게 일을 알려줄 때의 매뉴얼을 만들어보는 방법도 추천한다. 어디를 상세하게 설명하고 어디를 단순 언급으로 그칠 것인지 완급을 고려하는 과정도 좋은 연습이 된다.

　이러한 능력이 향상되면 앞으로 자신이 실패했을 때의 대응력 역시 높아진다. 어떻게 만회하고 앞으로는 어떻게 방지할 것인지 과제를 분석할 수 있기 때문이다. 실패에 '지나치게 상처받은' 시절을 생각하면 마치 딴 사람처럼 느껴지리라. 내가 성장할 수 있고 남도 도와줄 수 있는 이 재산의 유효한 활용을 빈다.

상처를 입었을 때 바라는 대응, 듣고 싶은 말은
사람마다 크게 다르다.

위험 회피 능력을 연마하자

예민한 사람은 대체로 경계심이 강하다. 이는 '위험 회피 능력이 높다'는 뜻인데 그 성질은 손보지 않은 상태로는 의외로 위험한 면이 있다. '나는 경계심이 강하다'고 자각하고 있는 분이라면 왜 그렇게 되었는지 떠올려보라. 일반적으로 두 가지 이유가 있지 않을까? 하나는 자라온 환경. 부모님으로부터 '위험하다' '가까이 가면 안 된다'라고 들으며 자란 영향이 현재도 지속되고 있는 패턴이다. 또 하나는 극심히 상처받은 경험. 누군가에게 배신당하거나 좌절한 일을 계기로 강한 경계심이 생긴 패턴이다.

그런데 눈치챘는가? 두 가지 이유 모두 '강력한 믿음'의 상태란 것을. 'ㅇㅇ는 옳다' 'ㅇㅇ는 나쁘다'고 믿는 사고방식에 속하는데, 예민한 사람의 경계심에는 이 믿음이 '한결같이' 작동한다. 순수해서라고도 할 수 있는데 나로서는 조금 걱정되는 부분이다. 그런 성질은 자칫하면 극단으로 치우치기 때문이다. 어느 순간에 정반대 방향으로 강하게 끌릴 가능성이 있다. 즉 경계심이 강할 텐데도 의외로 잘 속아 넘어가는 면이 있는 것이다.

연애나 친구 관계를 예로 들어보겠다. 전혀 훌륭하지 않은 사람인데 좋은 사람이라고 굳게 믿어서 자기희생적으로 교제하는 예민한 사람이 드물지 않다. 이런 경험이 있는 독자라면 〈나쁜 사람인데 나도 모르게 동정한다〉(177쪽)를 읽고 지나친 믿음을 해제하도록 하라. 또한, 속았다는 걸 깨닫고 마음 정리를 한 후에 그가 완전히 나쁜 사람이라고 단정하지 않도록 하라. 그런 사람은 이 세상에 존재하지 않기 때문이다. 나쁜 사람도 어딘가 좋은 면이 있다. 반대로 완전히 착하기만 한 사람도 존재하지 않는다. 결국, 사람은 모두 '회색'인 것이다. 이걸 알아두면 '철썩같은 믿음'과 '전면으로 부정함'의 양극단으로 치우치지 않는다. 한 사람에게 속은 것만으로 인간을 불신하게 되는, 다시 말해 모든 사람을 믿지 못하게 되는 극단성도 방지할 수 있을 것이다.

다른 한편으로 예민한 사람은 '정보에 속는' 경우가 있다. 앞장에서 말한, 뉴스 보도의 영향을 지나치게 받는 사람에 속한다면 특히 주의해야 한다. 이 경향을 띠면 하나의 논조에 휩쓸리기 쉽다. 공격당하는 인물을 함께 비난하거나, 때로는 음모론 류에 열중할 가능성도 있다.

어느 정보가 정확한지 확인하기란 쉽지 않다. 최종적으로는 직접 판단할 수밖에 없는데 워낙 쏟아지는 정보량이 많은 시대여서 분별하기가 더 어려워졌다. 그러니 기준을 알려주겠다. '누가 말했는가'를 확인하는 것이다. 이를테면 '지금은 투자신탁을 시작할 때!'라는 기사가 대대적으로 났는데, 그 집필자 또는 의뢰인이 은행 관계자라면? 상품을 판매하고 싶어서 하는 말일 수 있다는 추측이 성립된다. '주식으로 돈을 벌 수 있다' '이 보험은 이득이다' '이 약은 잘 듣는다' 같은 부류도 마찬가지다. 메시지를 발신하는 사람이 그것을 판매하는 사람이라면, 어느 정도 감안하고 듣는 편이 좋으리라는 이야기다.

이렇듯 한 발 물러나 바깥 시점에서 매사를 보면 한결같던 믿음의 강도가 줄어든다. 너무 한쪽으로 치우치지 않고 그렇다고 전면으로 부정하지도 않으며 적당히 좋은 거리를 둘 수 있게 된다.

더불어 원래 타고난 '위험을 선호하지 않는' 특성을 활용하라. 그럴 때야말로 냉정하고 현명한 진짜 위험 회피 능력이 갖춰질 것이다.

완전히 하얗지도, 까맣지도 않은
우리는 모두 '회색'이다.

'성실함'을
손해로 이어지지 않게 하려면

빈틈없이 세세한 곳까지 눈길이 미치는 성질은 '높은 주의력'으로 이어진다. 예민한 사람은 꼼꼼한 분들이 많아서 어떤 일도 정성껏 실수 없이 하기 위해 두루 살핀다. 이는 매우 좋은 점인데 자신도 모르는 사이에 손해를 보는 경우가 있다. 예를 들면 창의적인 일을 하는 예민한 사람이 '경비 정산'을 맡았다고 하자. 아이디어는 잘 생각해내지만 계산이 서투르다. 하지만 이 사람은 진지하다. 열심히 고군분투한다. 2~3시간에 걸쳐 실수 하나 없도록…….

그 결과 하루 노동시간의 3분의 1에서 절반 가까이가 허비된다. '주의 깊게 일하는 태도' × '잘 못하는 일'의 조합은 '시간 낭비'를 만들어낸다. 그 몇 시간을 본인이 잘하는 업무에 할애했다면 성과도 올라가고 회사에도 공헌할 수 있었을 것이다. 또한 장기적으로 봐도 손해다. 장래를 위해서 필요한 기술을 익히는 등 긴급하지 않지만 중요한 일을 할 시간이 자기도 모르게 줄어 있기 때문이다.

'그렇다고 대충하는 건 맘에 걸린다'고 생각하는 여러분, 걱정할 필요 없다. '잘하느냐 못하느냐'에 따라 전환하면 그만이다. 잘하는 업무라면 얼마든지 신중하게 해도 괜찮다. 주의 깊게 임하더라도 잘 못하는 일처럼 시간이 들지 않기 때문이다. 실수 방지를 위한 에너지를 쓰지 않아도 된다. 잘하는 일이라면 실수가 드물고, 하더라도 금세 깨닫는다.

한편 잘 못하는 업무는 혼자서 고군분투하는 대신 잘하는 사람에게 확인받는 방법을 추천한다. 사실 나도 서류 업무가 너무 어렵다. 제힘으로 실수 없이 하려고 하면 막대한 시간이 든다. 그래서 우선은 대강 쓸 만큼 쓰고 스탭에게 확인을 부탁한다. 서류 작성은 완벽하게 마무리되고 내게는 2시간이 생기니 일석이조다.

'아직 신입이라서 남에게 부탁할 수 없다'는 사람도 있을 것이다. 그렇다면 우선, 날마다 여러 가지 업무를 접하며 자신이 잘하고 못하는 부분을 확인하자. 2년, 3년 시간이 가면 잘 못하던 일을 잘하게 될 수도 있으니 성급하게 정하지 않도록 주의하라. 또 하나, 주위 사람을 보고 무슨 일을 잘하고 못하는지 관찰한다. 이 관찰이 몇 년 후 남에게 부탁할 수 있는 입장이 되었을 때 도움이 된다. 그때는 '이 사람은 이걸 잘해'라고 알아차린 상태일 것이고 "당신의 ○○ 능력에 기대야 할 것 같은 일이에요. 부탁드립니다, 도와주세요!"라고 부탁하자. 이는 상대방의 자기 중요감도 충족시킬 수 있다.

'내가 잘하고 못하는 일이 무엇인지 모호하다' '지금 하는 일이 적성에 안 맞는 것 같다'라고 느끼는 사람에게도 추천하는 방법이 있다. 사람에게 '적합한 직업'을 알 수 있는 유형 분류를 알아두자. 예민함과 상관없이 모든 일하는 사람은 대체로 네 가지 유형으로 나뉜다.

① **창업가 유형**   포부가 크고 활력 넘치며 통솔력 있는 리더
② **루틴 워크 유형** 꼼꼼하고 정확한 일을 지속할 수 있는 집중력의 소유자

③ **참모 유형**　　　전체상을 파악해서 전략을 짜는 브레인
④ **아이디어 유형**　기획, 상품, 아트 등 0에서 1을 만드는
크리에이터

어느 한 가지에 '매우 적합하다'면 다른 일은 매우 못할 가능성이 있다. 예를 들면 아이디어 유형인 사람에게 루틴 워크를 시키면 실수도 잦고 본인도 스트레스 받는다. 반대로 루틴 워크 유형인 사람은 규칙성이 무너지면 엄청난 스트레스를 느낀다.

자신이 어떤 유형에 해당하는지 잘 모르겠는 경우에는 '무엇을 좋아하는가'보다 '무엇을 못하는가'를 찾는 것이 빠르다. 네 가지 유형의 업무를 하는 자신을 상상해보자. 자신이 에너지를 얼마나 소모할 것 같은지 생각해보라. 예를 들면 온종일 루틴 워크를 했다고 하자. 그 일이 끝나고 돌아오는 길에 볼링을 치러 놀러갈 수 있는가? 그 무거운 볼링공을 핀이 늘어선 데크까지 던질 수 있는가?

완전히 지쳐서 무리일 것 같은 생각이 든다면 루틴 워크에는 적합하지 않다. 왜냐하면 자신이 좋아하는 일이라면 이런 식으로는 지치지 않기 때문이다. 8시간 일하고 야근을 조금 하더라도 '끝나면 잠깐 놀다 갈까?'라는 기분이 든다.

여러분은 그런 일을 하기 바란다. 업무를 마친 후 볼링을 할 수 있는 일을 찾자. 그리고 즐겁게, 헛된 낭비 없이, 정성스럽게, 자신의 가진 능력을 살려나가기를 바란다.

그 고민 상담은
어디까지 들어줄 수 있는가?

다른 사람이 '고민 상담'을 해올 때가 종종 있는가? 마음이 약해져 있는 사람은 예민한 사람의 다정함에 끌려서 치유받고 싶어 한다. 이 사람이라면 무신경한 말은 하지 않을 것이다. 이 사람이라면 부정하지 않을 것이다. 형편없는 내 모습도 무시하지 않을 것이다. 이렇게 생각해서다.

맞다. 약해진 사람에게 더 상처 주는 행동을 당신은 하지 않을 것이다. 누군가 곧잘 상담을 청한다는 것은 당신이 타인의 이야기를 들을 자세가 갖춰진 사람이라는 증거다. 가만히 귀를 기울여주고, 부정하거나 함부로 판단하지 않는다. 이는 상대방의 자기중요감을 충족시킬 수 있다는 뜻이다. 마음껏 자부해도 모자랄 좋은 성품이다. 하지만 그 때문에 피곤한 일도 있을 것이다. '나 감정 쓰레기통 같은 존재가 된 건가?' '벌써 이 이야기가 몇 번째더라' '부정적인 얘기만 하니까 에너지가 빨려'라고 마음속으로 한숨을 내쉴지도 모른다.

나는 고민을 듣는 것이 일이기 때문에 그 상황이 이해된다. 고민거리나 불평은 한도 끝도 없이 나오기 쉽다는 점도 실감하고 있다. 더욱이 곤란한 점은, 고민을 상담하는 환자에게서 보이는 (다 그렇지는 않지만) 상황을 바꿀 의욕이 낮은 경향성이다. "이렇게 해보면 어떻습니까?"라고 제안하면 '○○라서 할 수 없다'고 그렇게 못하는 이유를 열거한다.

여러분에게 고민을 상담하는 사람들도 그렇지 않던가? 흔히 '조언이 필요한 게 아니라 이야기를 들어주기를 바랄 뿐'이라고들 하는데 확실히 그게 솔직한 기분일 것이다. 그러나 듣는 쪽은 어떨까. 여러분은 그 끝없는 이야기를 어디까지 들어줄 수 있는지? 한없이 듣기만 할 것, 아니면 벗어날 것. 어느 쪽을 택하고 싶은가?

나라면 벗어나는 쪽을 택하겠다. 내 역할은 '환자가 달라지는 것 = 치료해주는 것'이라서 달라질 의지가 없는 사람에게 내가 할 수 있는 일은 유감스럽게도 없기 때문이다. 그래서 내 뜻을 정확히 전달하고 다른 병원에 가시라고 말한다. 전문의조차도 본인에게 치료받을 생각이 없는 사람에게는 그리 대응하는 것이다. 조금 벗어난 이야기지만 그렇게 매듭짓지 않고 치료하려 들지도 않고 끝없이 치료비를 계속 받는 의사도 있다. 계속 내 고민을 상대해주는 상냥한 선생님이라고 생각할지 모르지만, 꼭 그렇다고도 할 수 없다.

이야기를 되돌리겠다. 예민한 사람들은 '벗어난다'는 선택에 죄책감을 느낄 수 있다. 그렇다면 시간에 구분을 짓자. 나의 경우 '이야기를 듣는 것은 20분까지'로 정하고 있다. 짧은 듯하지만 진심으로 20분 동안 남의 이야기에 집중하는 것은 힘든 노동이다. 여러분은 치료 중이 아니므로 그보다 길게 설정해도 상관없다. 이를테면 '한 달에 한 번 1시간' 등등. 좀 더 들어줄 수 있을 것 같다면 횟수를 늘리든지 시간을 늘리든지 적절히 조정하라. 그리고 그 시간 동안에는 철저히 들어라. 끼어들지 말고 부정하지 말고 오로지 고개를 끄덕여주자. 반복해서 말하지만, 이것은 상당한 중노동이다. 부디 자신이 지치지 않는 범위 안에서 행동하라.

적합하지 않은 일은 대강 한다.
마음이 한숨 쉬는 일은 멈춘다.
그 시간을
나의 긴급하지 않지만 중요한 일을 하는 데 쓴다.

'작은 행복'을 느낄 수 있는 행복

지금까지 '당신의 성질은 이렇게 하면 더욱더 이득일 것'이라는 이야기를 했는데 이제부터 말할 성질이야말로 그 자체로 정말 이득이다.

보통 사람은 여러분보다도 행복을 느끼기 위해 조금 힘든 경험을 한다. '돈이 좀 더 있으면 좋은 차를 살 수 있을 텐데' '해외여행도 더 갈 수 있는데' 식으로 행복을 느끼기 위해서는 노력을 하지 않으면 안 된다. 물론 야망이 있는 사람은 더 힘들다. 어떤 분야에서 국내 혹은 세계 1위가 되는 위업을 이루고 명성을 떨치는 등 꿈의 크기가 거대하기 때문에 엄청난 에너지가 필요하다.

반대로 예민한 사람은 작은 일에 행복을 잘 느낀다. 좋아하는 컵을 데워서 정성껏 차를 끓이는 한때. 길가에 핀 작은 제비꽃에 문득 발을 멈추는 순간. 달걀덮밥에 좋아하는 간장 몇 방울을 뿌려서 섞는 몇 초간……. 일상 여기저기에 즉시 달성할 수 있는 '행복 포인트'가 있어 그것을 자주 음미할 수 있다. 그 성질이야말로 엄청난 이득이니 부디 그대로 지내주길 바란다.

만약 이런 나날에 변화가 생겼다면, 아마도 타인과 자신의 '격차'를 의식했기 때문일 것이다. SNS에서 호화로운 생활을 자랑하는 사람을 보고 '내 생활은 너무 보잘것없나?'라고 생각하면 노란불이다. 자기 부정의 스트레스는 작은 행복도 민감하게 감지하던 안테나를 둔하게 만든다. 차를 홀짝일 때 긴장이 사르륵 풀리는 느낌, 제비꽃의 가련함, 달걀덮밥에서 피어오르는 김도 마음에 와닿지 않게 된다.

'격차'를 의식할 때의 스트레스는 자기 부정뿐만이 아니다. 화려함을 과시하는 사람들에 대한 삐딱한 생각, 좀 더 확실히 말하면 '속물에 대한 적개심'도 때로는 생길 것이다. 최근 들어 동영상 매체에서는 부자들이 노골적으로 지폐 다발을 과시하거나 돈 없는 사람을 조롱하는 듯한 품위 없는 일들이 늘고 있다. 혹시 무심코 보게 되더라도 심란해하지 말라. 그 사람들은 당신이 굳이 적개심을 가질 만한 존재가 아니기 때문이다. 그들은 '자기중요감에 굶주린' 괴로운 처지에 있는 사람들이다. 남들에게 존중받거나 존경받는 일이 너무 적다고(또는 전혀 없다고) 느낀다. 그래서 필사적으로 행동하는 것이다. '부탁이니 나를 봐줬으면, 대단하다고 말해줬으면.' 말하자면 자신을 조금씩 떼어내서 팔고 있는 상태다. 자기 자신도 스스로를 소중히 대하지 못하고 있으니 이중의 의미로 딱하다.

동정까지 하지 않아도 되지만 '그런 사람이구나'라고 의식하자. 여러분은 이제 어떻게 하면 자기중요감이 충족되는지 알고 있잖은가. 그런 의미에서도 여러분은 행복하다. 날마다 느끼는 작은 행복과 새롭게 늘어난 행복을 느끼며 매일을 온화한 마음으로 해피하게 보내자.

그 성실함에 하나만 더 보탠다면

환자 외에도 평소 어울리는 주변인 중에 '이 사람은 HSP에 해당하겠구나'란 짐작이 가는 사람들을 종종 만나게 된다. 그들은 대개 성실하고 진지하다. 그러나 알다시피 세상은 착실한 사람으로만 이루어져 있지 않다. 세상 사람이 다 자신처럼 착실할 것이라는 전제, 즉 성선설에 입각한 사람은 조금 주변을 유심히 관찰해보길 권한다. 한편 예민한 사람 중엔 인간은 본래 악하다는 성악설 입장의 사람도 있다. 이쪽은 타인에게 상처받는 경험을 해서 단번에 가치관이 반전한 일이 계기가 되었을 것이다. 중간인 사람은 얼마 없고, 대체로 둘 중 하나에 속한다는 점이 또 예민한 사람다운 순수성이라고 나는 느낀다.

실제 이 세상의 진리는 그 어느 쪽도 아니다. 모든 사람은 '회색'의 어디쯤에 존재한다. 여러분 자신도 새하얗지만은 않을 것이다. 지나치게 성실하고 싶은 마음에 도리어 꼼짝하기 어려울 때는 그 점을 생각하면서 마음을 편히 하길 바란다. 다른 사람도 마냥 새하얗거나 새카맣지 않다. 상대방이 자신과 같은 생각과 행동을 하지 않더라도 그것은 좋고 나쁜 것이 아니라 서로 다른 것일 뿐이다. 이 다른 점을 우열 또는 선악의 차이로 받아들일 때 사람은 짜증이 난다. 자신의 가치관이 옳고 다른 가치관은 나쁘다고 판단한 상태다.

진지한 사람들이 곧잘 짜증을 느끼는 상대를 꼽으라면 '성실하지 않은 사람'이다. 천하태평한 사람, 뭐든지 적당주의인 사람, 의욕 없는 사람 등등. 그러나 이 또한 일방적인 판단이다. 태평한 성격은 나쁜 것이 아니라 '리스크/호프' 유형 분류(41쪽)의 호프 유형일 수 있다. 뭐든 대충인 성격은 나쁜 것이 아니라 '픽스/플렉스'(41쪽)의 플렉스 유형일지도 모른다.

그럼 의욕이 없는 사람은? 의욕이 없는 듯 보이는 사람 중에는 꽤 많은 확률로 '행동하려고 해도 할 수 없는' 경우가 있다. 못하는 일을 시키니 시간이 걸리고 실수도 잦고 결과적으로 일이 엉터리가 돼서 기력을 잃는다. 이런 사람에게 "일할 마음이 있긴 해?"라고 짜증 내도 의미가 없다는 것을 여러분은 알고 있다. 대신에 '그럼 어떻게 할까?'를 생각해야 한다.

그 답은 간단하다. 적성이 안 맞는 사람에게 무리한 일을 시키는 상황을 바꾸면 된다. '좀 더 잘할 수 있는 사람에게 맡기자' '이 사람에게는 더 잘 맞는 일을 시키자' 식으로 다른 방향의 아이디어들이 고개를 들 것이다. 이는 바꿔 말하자면 '관용적'이 되는 방법이다. 관용은 성실함이나 진지함이 자칫 완고함으로 흐르지 않게 방지해준다. 현재로서는 세상의 많은 사람들이 아직 관용을 잘 베풀지 못하는 상황이다. 너그러운 자세에 신경 쓰는 사람마저도 '사실은 이해가 안 되지만 참는' 힘을 써서 억지로 극복하려고 한다.

하지만 이 이야기를 읽은 여러분이라면 괜찮을 것이다. 당신도 참지 않고 다른 사람도 참게 하지 않는 제3의 길을 걸어가 모두 행복해지자.

관용은 참는 것이 아니라, 더 나은 길을 찾는 것이다.

칼럼

(당신의 소울 푸드는 무엇입니까?)

먹으면 마음이 편안해진다. 힘이 난다. 평소에 쌓인 스트레스가 풀리는 것 같다. 이런 음식을 소울 푸드라고 한다.

나의 소울 푸드는 양고기이다. 홋카이도 출신이기도 해서 향토음식 징기스칸(양고기구이)은 친숙한 존재이다. 최근에는 고급 양고기를 사용한 식당도 늘어났는데 그중 저렴한 가격의 고기를 소스에 담가 숙성시킨 옛날 방식 그대로의 맛을 좋아한다. 고향이 느껴져서다. 또 다른 소울 푸드는 붉은 비엔나 소시지이다. 내가 어렸을 때는 요즘처럼 프리미엄을 지향하는 비엔나는 존재하지 않았고 붉은 소시지가 주류였다. 착색료가 듬뿍 들어가서 몸에도 별로 좋지 않아 보이지만 평소에 나름대로 건강을 지향하는 내가 그런 것도 신경 쓰지 않고 먹는다. 나에게는 먹으면 마음이 놓이는 '영혼에 좋은 음식'이나 다름없다.

소울 푸드는 마음이 지쳤을 때 찾는 긴급 피난처이기도 하다. 구조대 역할을 완수하는 존재이므로 먹고 싶어졌을 때 즉시 찾아 먹을 수 있다면 이상적이다.

자, 여러분의 소울 푸드는 무엇인가? 근처 식당의 대표 메뉴나 마트에서 바로 사 먹을 수 있는 식재료라면 문제없지만 '어머니가 만들어주시던 스튜' 같은 요리라면…… 빨리 레시피를 받아 혼자서 직접 만들 수 있게 익혀두는 편이 좋을 것 같다.

마치며

고민한 시간을
'좋아하는 일'로
바꾸자!

예민함 때문에 생기는 고민 시간을 줄여서 쾌적하게 살기 위한 지혜, 어떠셨나요? 다양한 노하우가 나왔지만 기본은 똑같다는 사실을 아셨을 겁니다. 귀에 못이 박혔을지도 모르겠군요!

기대하지 말 것. 완벽주의에 사로잡히지 말 것. 무슨 일을 하더라도 스몰 스텝으로 무리하지 않고 해나갈 것. 그리고 다른 사람의 자기중요감을 충족시킬 것.

모두 최종적인 지향점은 단 하나입니다. 자신을 소중한 존재로 여기며 살아가는 일입니다.

이는 '다른 사람에게 존중받고 스스로도 자신을 아긴다' '자기중요감을 갖고 산다'는 뜻이기도 합니다. 자기중요감 없이 사람은 행복해질 수 없습니다. 얼마나 돈이 있든, 예쁘고 잘생겼든, 집안이 좋든, 학력이 높든, 지위가 있든, 명성을 얻든 간에 자기중요감이 없으면 행복을 느낄 수 없습니다. 초조해하는 권력자, 권태로워 보이는 억만장자, 음울한 엘리트, 고독한 스타. 이 세상에는 불행해 보이는 성공한 사람이 수두룩합니다. 여러분은 그런 성공은 성공이 아니라고 이미 아시겠지요.

마지막으로 여러분이 알아두셔야 할 두 가지가 있습니다.

하나는, 모범적인 행동에 사로잡히지 않아야 합니다. 세상은 끊임없이 요구하지만 그걸 열심히 따를 필요는 없습니다. 조금 더 말하면 자신의 '미학'에도 지나치게 얽매이지 마세요. 바르게 살고 싶다, 강한 사람이 되고 싶다, 착하고 싶다, 아름다워지고 싶다 등 섬세한 사람에게 드는 이러한 생각들이 무거운 짐이 되지 않도록 유의하세요. '사람은 완벽하지 않다'고 매번 생각합시다. 이 또한 자신을 소중히 하기 위한 중요한 지혜입니다.

다른 하나는, 아마 평소에는 잊고 있던 이야기일 겁니다. 저나 여러분을 포함해, 모든 사람은 언젠가 생명을 다한다는 것입니다. '메멘토 모리(Memento Mori)'라는 말을 아시나요? 이 말은 라틴어로 '죽음을 기억하라'는 뜻입니다. 언젠가는 끝을 맞이하니 시간을 헛되이 보내지 말고 순간순간을 소중히 하자는 옛 지혜입니다.

이 책에서는 시간을 허비하는 온갖 고민의 해결법을 알려 드렸습니다. 자신의 시간을 쾌적하게 보내는 지혜도 말할 수 있는 만큼 다 말했습니다. 빨리 시작한 만큼 자기 자신을 아낄 줄 아는 편안한 인생으로 빨리 전환할 수 있습니다.

저는 친밀해진 친구, 믿을 수 있고 성실하며 행복하게 살아가는 벗에게는 기회를 봐서 어느 질문을 합니다.

"앞으로 살날이 한 달 남았다면 뭘 하고 싶어?"

친구들의 답은 의외일 정도로 일치합니다.

"평소와 같은 일을 신중하게 하지 않을까? 그렇게 할 수 있으면 좋겠다."

자신을 아끼는 인생의 궁극적인 답이라고 느꼈습니다. 지금의 아무렇지 않은 매일 그대로가 행복인 인생. 평화롭고 충만한 최고의 인생입니다.

여러분은 어떻습니까? 마지막 시간에 어떤 나날을 보내고 싶나요?

이 책을 덮고 난 후 여러분의 인생이 고민 없이 평화롭고 충만한 최고의 생이 되기를 바라며 이만 펜을 내려놓겠습니다.

마지막까지 읽어주셔서 고맙습니다.

옮긴이 **박재영**

서경대학교 일어학과를 졸업했다. 어릴 때부터 출판, 번역 분야에 종사한 외할아버지
덕분에 자연스럽게 책을 접하며 동양권 언어에 관심을 가졌다. 번역을 통해
새로운 지식을 알아가는 것에 재미를 느껴 번역가의 길로 들어서게 되었다.
분야를 가리지 않는 강한 호기심으로 다양한 장르의 책을 번역, 소개하기 위해 힘쓰고 있다.
현재 번역 에이전시 엔터스코리아 출판기획 및 일본어 전문 번역가로
활동하고 있다. 역서로는 《세계 심리학 필독서 30》《나는 아스퍼거증후군입니다》
《별을 쫓는 아이》《폭신 하냥 고양이 퐁퐁》《넨도로이드 인형을 위한 처음 만드는
인형옷 레시피》《오늘도 일이 즐거운 92세 총무과장》《삼국지 경영학 수업》 외
다수가 있다.

고민 숏컷의 기술

초판 1쇄 발행 · 2025년 4월 9일
초판 2쇄 발행 · 2025년 5월 21일

지은이	니시와키 슌지
옮긴이	박재영
발행인	이종원
발행처	(주)도서출판 길벗
브랜드	더퀘스트
주소	서울시 마포구 월드컵로 10길 56 (서교동)
대표 전화	02) 332-0931	**팩스** 02) 323-0586
출판사 등록일	1990년 12월 24일
홈페이지	www.gilbut.co.kr	**이메일** gilbut@gilbut.co.kr

책임 편집 송혜선(sand43@gilbut.co.kr) | **제작** 이준호, 손일순, 이진혁
마케팅 정경원, 김진영, 정지연, 이지원, 이승민 | **유통혁신** 한준희
영업관리 김명자, 심선숙 | **독자지원** 윤정아

표지 디자인 LUCKY BEAR
사진 장봉석(bongfeel777@gmail.com) *225p Tyler Lastovich/Unsplash
교정 허유진

CTP 출력, 인쇄 및 제본 정민

ISBN 979-11-407-1448-3 (03190)
(길벗 도서번호 040312)
정가 18,800원

- 더퀘스트는 (주)도서출판 길벗의 인문교양, 비즈니스 단행본 브랜드입니다.
- 이 책은 저작권법의 보호를 받는 저작물로 이 책에 실린 모든 내용, 디자인, 이미지,
  편집 구성은 허락 없이 복제하거나 다른 매체에 옮겨 실을 수 없습니다.
- 인공지능(AI) 기술 또는 시스템을 훈련하기 위해 이 책의 전체 내용은 물론
  일부 문장도 사용하는 것을 금지합니다.
- 잘못 만든 책은 구입한 서점에서 바꿔 드립니다.

인스타그램 www.instagram.com/thequest_book